基于能力的飞行签派员训练及评估

罗凤娥 赵婷 张成伟 ◎ 编著

西南交通大学出版社
·成 都·

图书在版编目（CIP）数据

基于能力的飞行签派员训练及评估 / 罗凤娥，赵婷，张成伟编著. — 成都：西南交通大学出版社，2022.9
ISBN 978-7-5643-8933-8

Ⅰ. ①基… Ⅱ. ①罗… ②赵… ③张… Ⅲ. ①民用航空 - 机场 - 业务 - 工作人员 - 训练 - 评估 Ⅳ. ①F560.9

中国版本图书馆 CIP 数据核字（2022）第 174051 号

Jiyu Nengli de Feixing Qianpaiyuan Xunlian ji Pinggu
基于能力的飞行签派员训练及评估
罗凤娥　赵　婷　张成伟　编著

责任编辑	孟秀芝
封面设计	原谋书装
出版发行	西南交通大学出版社 （四川省成都市金牛区二环路北一段 111 号 西南交通大学创新大厦 21 楼）
发行部电话	028-87600564　028-87600533
邮政编码	610031
网　　址	http://www.xnjdcbs.com
印　　刷	成都蜀通印务有限责任公司
成品尺寸	170 mm × 230 mm
印　　张	12.25
字　　数	182 千
版　　次	2022 年 9 月第 1 版
印　　次	2022 年 9 月第 1 次
书　　号	ISBN 978-7-5643-8933-8
定　　价	58.00 元

前言

随着民航业的快速发展，运行环境的复杂化及运行系统的智能化对飞行运行人员的能力提出了更高的要求，业界对民航专业技术人员训练和能力评估愈加重视，对训练内涵的解读愈加深入，目前民航专业技术人员应当进入胜任力驱动的时代。本书根据国际民航组织、中国民用航空局对飞行签派员训练和评估的要求，通过设计科学的训练方式来提高学员专业技能，并结合有效的评估模型分析学员各项绩效指标以开展针对性训练。

为方便学员和教员的理解与掌握，本书在编排上力求深入浅出，突出重点。本书阐述基于能力的训练及评估（CBTA）理念，开发基于能力的培训课程并介绍实施能力评估方法。本书共七章内容：第一章 CBTA 概述与背景，讲述了 CBTA 的发展与国内外实施情况；第二章 CBTA 理论基础，介绍了 ICAO 针对 CBTA 的相关文件及飞行签派员八大胜任力；第三章 CBTA 的培训与实施，主要包括培训课程体系建设和相关的教学测评；第四章 CBTA 评估与实施，重点阐述评估模型及实施；第五章教员能力要求与培训，针对教员的能力提出相关要求；第六章基于能力的 DRM 课程设计与实施，结合 CBTA 及 DRM 实施针对飞行签派员的相关课程设计和评估；第七章展望，简述了签派员全生命周期架构并描绘未来民航飞行签派员培训实施举措。

本书旨在解读和应用 ICAO Doc 10106 即《飞行签派员基于胜任力的训练与评估手册》，将 CBTA 理念应用于国内航空公司运行人员及院校训练机构签派学员的培训和评估，开发基于能力的培训课程和评估体系。本书可作为民航运行相关专业技术人员的 CBTA 培训教材及读本，有助于更好地理解并推广应用 ICAO CBTA 的理念和方法。

本书由中国民用航空飞行学院罗凤娥、张成伟、郑力维、代毅、张海荣等教师团队及中国南方航空公司赵婷、岳武闯、姚嘉亮、黄钦洪等运行专家团队合力完成编写，在编写过程中得到了国际民航组织、国内外航空公司运行专家及中国民航飞行学院同仁的热情指导和大力帮助，另外，也感谢为此书的撰写提供支持的研究生团队，在此一并致以谢意。

由于本书涉及面较广，编者查阅的资料有限，加之中国民用航空局正在对部分规章、规则进行进一步修订，航空公司的运行控制不断发展，“智慧民航”建设的新技术日新月异，书中难免存在不足之处，敬请读者批评指正。

编者

于中国民用航空飞行学院

2022 年 2 月

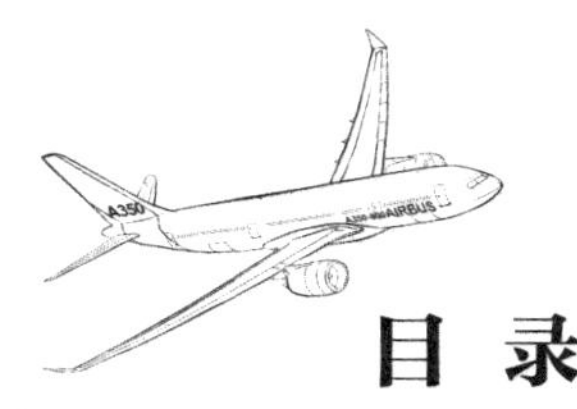

目录

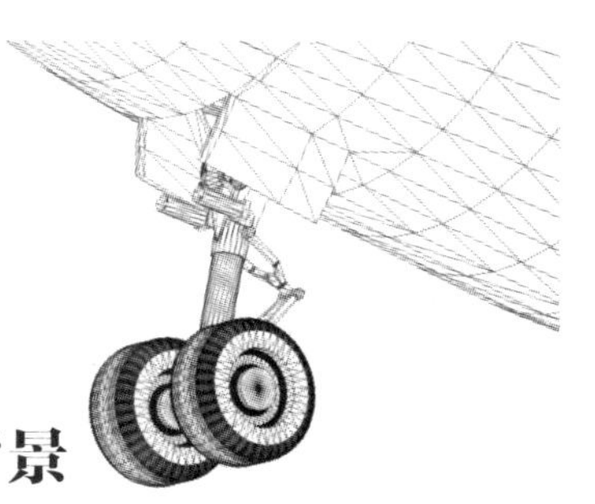

第一章　CBTA 概述与背景

自民航专业技术人员资质类训练在民航规章中被列明，正式通过明确规范以实施民航专业技术人员资质类训练以来，民航专业技术人员资质类训练经历了固定知识培训、大纲规范化知识点培训、国际标准化组织《ISO 10015：质量管理——培训指南》、以需求为驱动的培训体系等一系列过程。固定知识培训、大纲规范化知识点培训等传统培训模式能够较好地为飞行签派员普及基础知识，为签派工作打下坚实的基础，但是往往存在覆盖不够全面、培训内容重复、针对性不强等问题。ISO 10015 是以受训者的需求为驱动的培训体系，提高了培训的针对性，但是也存在对受训者实际工作岗位缺乏科学分析建模、对运行数据缺乏有效利用等不足。随着民航业的快速发展，运行环境的复杂化及运行系统的智能化对飞行运行人员的能力提出了更高的要求，业界对民航专业技术人员训练和能力培养愈加重视，对训练内涵的解读愈加深入，目前民航专业技术人员应当进入循证训练（Evidence-based Training，EBT）基于运行数据的训练和评估、基于能力（也称为胜任能力）的训练和评估驱动的时代。

第一节　CBTA 的发展历程

基于能力的飞行签派员训练和评估（Competency-based Training and Assessment，CBTA）是基于签派资源管理（Dispatch Resource Management，DRM）多维度、创新性地面向飞行签派员及航空运行人员开展的训练及评估新模式。

1989 年 12 月，美国联邦航空局（FAA）发布的咨询通告 AC-120-51 中提出针对飞行员训练的新概念，即驾驶舱资源管理（Cockpit Resource Management，CRM），其目的是通过资源管理方面的训练，改善人的表现和群体的表现，保证航空安全和降低公司的运营成本。

1995 年 2 月，美国联邦航空局（FAA）发布咨询通告 AC-121-32，签派资源管理（DRM）的概念应运而生。该通告中明确指出，飞行签派员在飞行运行管理系统中是信息交流的中心，飞行签派员的工作质量将直接影响飞行安全和效益，其重要程度与驾驶舱资源管理同等重要。

2000 年 6 月，中国民用航空局飞行标准司下发信息通告《签派资源管理训练》（IB-FS-2000-002）。

2009 年 10 月，中国民用航空局飞行标准司下发咨询通告《签派资源管理训练》（AC-121-FS-2009-32），正式撤销 2000 年下发的信息通告。该咨询通告旨在为开发、实施、强化和评估签派资源管理训练项目提供指导，并且提出按照 CCAR-121 部规则实施定期载客运行的航空承运人应为所有飞行签派员提供签派资源管理 DRM 训练，该咨询通告为航空承运人实施 DRM 训练提供了一种方法，但此方法不是唯一的。

2011 年 12 月，中国民用航空局飞行标准司下发咨询通告《签派资源管理训练大纲的制定与实施》（AC-121-FS-2011-44），该咨询通告依据《大型飞机公共航空运输承运人运行合格审定规则》（CCAR-121）以及咨询通告《签派资源管理训练》（AC-121-FS-2009-32）制定，提出签派资源管理训练的定义为 DRM 训练着眼于利用可用资源解决飞行运行中，不同群体间的沟通和相关人际关系的优化问题，包括有效的团队建设、冲突解决、情景意识、信息传递与发布、问题的解决与决策等所做的人与自动化系统间的交互。DRM 源于机长和飞行签派员对飞行计划、航班延迟以及签派放行的共同责任。

2015 年，中国民用航空局下发了《飞行签派员资质能力评估办法》，从资格、知识、能力、经历、工作绩效及工作态度等方面构建了飞行签派员资质评价体系，为航空公司评估飞行签派员资质提供了一套量化指标和系统化评估方法。

2016 年 10 月，中国民用航空局飞行标准司下发咨询通告《航空承运人飞行签派员资质管理标准》（AC-121-FS-2016-043-R1），该咨询通告提出飞行签派员资质标准评估中能力要求除满足履行职责所必需的 CCAR-65 部、CCAR-121 部规定的知识外应当达到的十余项能力，并且提供了飞行签派员资质评估指标体系及量化指标权重。

2017 年 3 月，国际民航组织正式启动项目“FOO/FD CBTA”（Flight Operation Officer/Flight Dispatcher CBTA），改写《飞行签派员训练手册》（ICAO Doc 7192），希望能够实施和增强对飞行签派员的能力培训及评估。

2019 年 6 月，中国民用航空局下发了《关于全面深化运输航空公司飞行训练改革的指导意见》。该意见指出通过有效的训练可以大幅降低不安全事件和事故的发生率。全面阐述了中国民航飞行训练的发展方向——“以核心胜任力量化管理为特征的飞行员技能全生命周期管理体系”，指出了“实现飞行训练理念的六个转变”。以习近平新时代中国特色社会主义思想为指导，全面贯彻落实习近平总书记“安全隐患零容忍”“加强队伍作风和能力建设”重要批示指示精神，按照中国民用航空局“抓基层、打基础、苦练基本功”的要求，遵循“调整、巩固、充实、提高”方针，着力推进飞行训练的质量和效率变革，建成支撑有力、协同高效、开放创新的新时代中国特色飞行训练体系。为中国民航专业技术人员训练改革打响了第一炮。

2020 年 11 月，国际民航组织（ICAO）发布《飞行签派员基于胜任力的训练与评估手册》（Doc 10106，*Manual on Flight Operations Officers/Flight Dispatchers Competency-based Training and Assessment*），指出民航业作为快速发展的行业，运行环境的复杂化及运行系统的智能化对运行人员的能力提出了更高的要求。基于 CBTA 的训练注重提高飞行签派员处理突发事件的能力，使飞行签派员更具灵活性和适应性，以应对运行中的挑战和变化。ICAO 希望通过该手册的编写与实施来增强对飞行运行人员/飞行签派员的能力培训。该手册为飞行签派员 CBTA 训练与评估体系的改革和创新提供了理论指导。

2020 年 12 月，中国民用航空局发布中国民航运输航空飞行员技能全生命周期管理体系建设实施路线图。明确了中国民航从当前到2030年期间实施飞行员技能全生命周期管理体系（Professionalism Lifecycle Management System，PLM）建设的政策和总体工作计划，是民航飞行训练体系发展转段进阶的“点火器”，为各利益相关方找准定位、明确任务和协同发力提供指南，进一步促进全球训练标准融合和国际合作。希望有关各方在该路线图的具体实施过程中提出修正意见，使之持续更新完善，确保始终与中国民航一系列安全监管战略部署协调衔接，形成战略合力，并成为中国民航飞行训练体系建设的标志性规划和国际航空界落实区域性安全计划的蓝图范本。

第二节 CBTA的概念

航空业是一个不断发展的领域，在同时保持安全性和经济性，降低运行成本的需求驱使下，人们不断寻求提高效率，促使技术和自动化的广泛使用。随着技术的进步，用于执行运行控制任务的工具可能会发生变化，但基本要求保持不变。运行越来越多的数据的可用性不断提高，从而可能做出更好的决策，但同时也带来了数据过载以及需要关注并过滤数据的风险。运行的不同元素之间的相互依赖性随着系统复杂性的增加而增加，这意味着所做的决策可能会在更长的时间内产生更大的影响，并且这些决定通常是在巨大的时间压力下做出的，这也增加了风险。

随着人工智能化系统的发展，系统操作复杂化程度增大，愈发需要通过相应的培训来使受训者具备适应日常挑战和长期变化的灵活性和适应性。在常规的培训中，培训重点是基于任务的，即训练学员如何完成工作岗位的任务，例如对于航空公司飞行签派员而言制作飞行计划或进行航班放行风险评估分析。培训效果与工作所使用的系统紧密相关，并着重于任务的功能性。这样的培训体系有诸多的局限性：受训人员无法完成规定任务之外的工作；因为无法预见所有可能发生的情况，所以无法培训工作中的所有情况；受培训资源或培训频率的限制，不能确保每个飞行签派员能够了解持续发展的系统和程序；无法使飞行签派员对一个必要但是不经常发生的情况做好准备。由于上述局限性，训练体系不应该是针对完成特定任务或获取特定知识，而应该是针对完成工作所需能力的训练体系。这种训练使飞行签派员可以使用相同的能力来处理突发事件或偶发事件，这些能力被称为胜任力。

“胜任力”描述了可以被学习或发展的能力。它定义了可以做什么而不是已知的，并着重强调个人在任何情况下的适应能力和应用能力。举一个能力的例子：解决问题和决策能力，在基于胜任力的训练中这项胜任力被定义为“使用适当的决策技术，准确地识别风险并解决问题”。

在开发这种基于胜任力的培训体系需求的基础上，国际民航组织（ICAO）基于胜任能力的培训与评估（CBTA）概念，针对民航五种专业技术人员，包括飞行、机务、空管(ATC)、飞行签派员(FOO/FD)、空中交通安全电子人员（ATSEP），从知识（Knowledge）、技能（Skill）、态度（Attitude）三个方面建立能力框架和评估体系。

随着对飞行签派员训练核心内涵的解读更加深入以及数据时代的到来，未来的训练更应当是针对“人”的训练：能够主动介入签派员的缺陷，把它定义出来，用精确的数据描述出来，未来可以通过其行为指标长期跟踪预测一个签派员、一个运行中心甚至整个行业会出现什么样的风险，使运行安全发生一个质的变化。

ICAO将飞行运行人员/飞行签派员完成工作所需的能力定义为“八大胜任力”，分别是：程序以及规章的应用能力（Application of Procedures and Regulations）、技术专长（Technical Expertise）、过程改进（Process Improvement）、沟通（Communication）、情景意识（Situation Awareness）、工作负荷管理（Workload Management）、解决问题以及决策能力（Problem Solving and Decision Making）、领导和团队合作力（Leadership and Teamwork）。胜任力描述了飞行签派员可以学习或发展的能力。胜任力并不针对那些已知的工作任务，而是定义飞行签派员应该做到什么，着重强调飞行签派员在任何情况下的适应能力和应用能力。例如“沟通”这项胜任力，它的定义为“在正常和非正常情况下通过适当手段进行沟通”。

CBTA，是以绩效表现为导向的训练和评估，强调绩效表现的标准及其衡量，以及按照规定的绩效标准开展训练。将核心胜任力与科目/训练场景挂钩，将科目/场景作为手段，从科目/训练场景完成的表象中，识别评估飞行签派员核心胜任力的情况。通过训练，不断加强飞行签派员应对“灰犀牛”和“黑天鹅”风险所需的核心胜任力。

以 3U8633 风挡玻璃破裂的事件为例，这种特情是无法从日常训练中得到和再现的,但是英雄机长刘传健在处置飞机前风挡玻璃完全剥离的“黑天鹅”事件时，每一个环节都体现了机长的核心胜任力及机组、管制员、签派员等运行团队的协作能力。比如在风挡玻璃爆裂之后，他一直能够控制住飞行的关键元素——高度、速度和状态；表现出非常好的心理素质，冷静、专注、不被驾驶舱的混乱和其他噪声所干扰；在突发情况下还有良好的评估能力，识别驾驶舱里面任何可用的资源和设备，寻求各种支持、帮助，包括内部的和外部的，比如尽快联系空管人员给予支持和帮助；有非常强的决策能力，领导团队共同合作，做出正确的决定，并且不折不扣地去执行。这是一个典型的胜任力例子，正因为经过大量训练，机长才会具备这种胜任能力。

基于能力的训练是一种能够促进飞行签派员具备更强的责任感、注重自我促进和强调绩效的专业工作方法，增强了处理未曾预期或未经明确培训情景的能力，使飞行签派员有能力为复杂和困难的情况制定解决方案，甚至包括首次经历这些情况的时候。飞行运行人员/飞行签派员必须以安全可靠的方式有效地应对这些复杂情况。

在建立基于胜任力的培训和评估体系时，首先要对飞行签派员岗位进行分析，定义飞行签派员岗位所需胜任力，建立飞行签派员岗位胜任力模型，这是一项非常重要且基础的工作。在进行岗位分析时，可能会涉及签派新雇员、独立上岗的飞行签派员、签派教员、检查员等不同人群的胜任力需求，因此各航空公司和训练实施机构应当将飞行签派员人群、角色、岗位和所需能力分析定义清楚，根据自身需求和情况开展 CBTA 工作。

第三节 CBTA 国际实施情况

2016 年，国际民航组织 ICAO 发布了《管制员训练手册》(Doc 10056，*Air Traffic Controller Competency-Based Training*)，将基于能力训练的方法开创性地应用到管制员训练中，这份文件提供了实施办法以及指导意见。国际民航组织已发布的有关飞行签派员训练的手册为 Doc 7192，这份手册距今已有接近 20 年并且未曾更新，已不能满足目前以及未来行业的需求。2017 年 3 月，国际民航组织正式启动“FOO/FD Competency Based Training Manual”编写项目，并于 3 月 28 日—30 日举行了国际民航组织基于能力的训练和评估组第一次会议，其中 FD 为飞行签派员（Flight Dispatcher）的简写，FOO 为飞行运行人员（Flight Operation Officer）的简写。ICAO 希望通过该手册的编写与实施来增强对运行控制人员的能力培训。

为了响应国际民航组织启动的“FOO/FD Competency Based Training Manual”编写项目，手册编写小组于同年立即成立。小组核心成员包括中国民航飞行学院航空运行专家罗凤娥教授、德国汉莎航空股份公司的标准训练部经理 Jörn、美国达美航空签派训练经理 Ray 以及 ICAO 项目负责人 Ian。

2018 年 11 月 13 日—11 月 16 日，加拿大蒙特利尔 ICAO 总部举行国际民航组织基于能力的训练和评估组第三次会议（CBTA-TF/3）。飞行签派工作组向大会介绍了从第二次 CBTA 会议（2017 年 11 月 14 日—11 月 17 日）以来开展的工作，介绍了 CBTA 的概念，包括 FOO 基础训练的概念，运控人员的概念和特定工作席位的训练，培训需求分析和标准的工作流程。在训练目标方面，完成了先决学习目标，基本的 FOO 任务以及特定工作席位的任务。FOO/FD CBTA 项目分为五个核心工作组，分别为飞行员工作组（Pilot Team）、空中交通管制组（ATC Team）、空中交通电子安全组（ATSEP）、机务组（AMT）以及飞行签派/飞行运行人员组（FD/FOO）。

2019 年 7 月 2 日，德国汉莎航空公司组织举办了欧洲 FOO 的第一个 CBTA 航空培训课程，核心工作组成员 Jörn 参与了培训和评估标准以及风险分析的定义，在运用一些能力评估方法后，得到了反馈结果，并准备用此来改进 CBTA 的概念描述。

第四节　CBTA 国内训练现状

中国民航飞行学院和各航空公司在积极开展针对航空专业技术人员的基于 CBTA 的训练和评估体系的改革与创新。

目前国内飞行签派员资质训练体系的主要矛盾是训练不能完全满足日益增长变化的飞行签派员实际岗位胜任力的需求。一方面，中国民航现在的主流飞行签派员资质训练还是基于完成规章、大纲要求掌握的知识点，教科书式的讲授培训，以及一种针对“出现事件—分析原因—反应式培训”的打补丁式训练，是一种比较固化和被动的培训模式。飞行签派员训练的固定模式已无法匹配日益复杂的运行环境。另一方面，目前的资质训练体系重点关注于规章知识点及应用能力、航班运行系统开发及应用等专业技术性胜任力方面，而对于飞行签派员的沟通能力、解决问题和决策能力、情景意识、团队协作和领导力以及工作负荷管理等非技术胜任力的训练存在不够重视、不够完善、不够落地的情况，这些能力在日常工作中显露为飞行签派员群体的能力短板。

近年来发生的不安全事件也充分说明了飞行签派员资质训练体系的这一矛盾。2018 年 7 月，某航空公司香港至大连航班，机组误关空调组件，导致座舱释压氧气面罩脱落。在飞机供氧能力不足的潜在风险下，航班违规飞至目的地。飞行签派员对航班运行安全的情景意识不强，缺乏管控意识，反映出以情景意识和决策能力为代表的胜任能力的不足。2018 年 8 月，某航空公司飞往马尼拉的航班在着陆时遭遇强雷雨，伴随风切变和乱流，跑道湿滑且中线灯不工作，飞机第一次进近失败后，第二次进近过程中因能见度持续下降，最终飞机因操纵偏差导致侧滑，偏出跑道。整个过程中责任飞行签派员始终未能给出明确决策意见。在事后调查的过程中，发现飞行签派员虽然发现了恶劣天气，意识到恶劣天气带来的威胁，但是并没有采取有效措施与机组沟通、提供支持、管控事件的发展以及进行有效决策。这也反映出飞行签派员在沟通、解决问题以及决策、团队协作和领导力等方面胜任力的不足。

近十年来，中国民用运输航空的飞行签派员培训主要以满足规章和训练大纲要求的知识型课程体系为主。在飞行签派员的训练体系中，有两部规章起到至关重要的作用，分别是 CCAR-65 部和 CCAR-121 部。CCAR-65 部规定了飞行签派员获取基础执照的要求，包括理论知识、经历时间和考试要求，简单地说是获取签派基础执照的训练依据。而 CCAR-121 部规定了飞行签派员不同等级、人群的训练和经历要求，以及公共运输航空风险管控的要求，属于飞行签派员获得并保持运行资格的训练依据。

根据国内飞行签派员训练的现状，飞行签派员训练体系由两大部分组成：专业院校（或取得民航局资质的签派训练机构）训练、航空公司专业训练。专业院校（或取得民航局资质的签派训练机构）训练主要培训签派学员的基础知识体系，使其满足 CCAR-65 部规定的飞行签派员执照理论要求；签派学员得到理论知识训练合格证明后，到航空公司满足相应的经历要求即可申请签派基础执照考试，进而考取飞行签派员基础执照。航空公司专业训练体系可以分为飞行签派员资质类训练和岗位需求类训练两大部分。飞行签派员资质类训练包括新雇员训练、初始机型训练、转机型训练、差异训练以及复训等 CCAR-121 部中规定的针对不同阶段的飞行签派员所要求完成的资质训练，使飞行签派员具备运行资格的资质基础；岗位需求类训练则是根据岗位工作需求开展的针对性训练，可以根据该岗位长期、短期、近期的政策流程变化、安全提示、能力提升等需求不定期安排，是资质类训练的良好补充。随着 CBTA 概念的提出和应用，对飞行签派员训练目标愈加明确，对训练体系中各类训练的定位愈加清晰，岗位需求类训练也越来越被航空公司所重视，因为其针对性、灵活性、实用性强的特点，愈将成为提升飞行签派员岗位工作能力的重要手段。

为了规范各阶段飞行签派员的知识技能要求，中国民用航空局通过训练大纲对飞行签派员的有效系统训练提供规章层面的要求和指导，为安全与运行提供有力保障。训练大纲对从进入航空公司新雇员训练到放单前的初始训练，再到成熟飞行签派员保持资格的持续性复训、重获资格训练的全链条都提出了明确的要求。现阶段飞行签派员资质类训练都以满足《飞行签派员训练大纲》为首要前提开展。

近些年，民航高质量发展和建设民航强国对训练工作提出了更高的要求，运输航班量的增长、岗位工作需求的灵活化、运行系统的复杂化都对飞行签派员实际工作能力提出了更高的要求。现代飞机系统信息具有高度的集成性、关联性和交互性，能够产生各类不同组合的故障信息，这种组合的数量庞大，除系统本身复杂以外，再叠加上环境、运行阶段，那么它可以产生千变万化的运行状况，已无法适用“穷举式”的训练，因此训练理念的创新势在必行。

近三年来，珠海翔翼公司率先在国内研究推进飞行员 CBTA 训练体系建设，构建 EBT 循证训练驱动训练体系。通过对海量数据的分析，找出飞行员复训中需要关注的重点科目和内容，并通过细化教学和评估手段，合理使用模拟机、模拟器等设备，以航线运行为导向的教学评估，提升训练效果。在飞行员九大胜任力模型基础上，对飞行员全生命周期胜任力训练与评估展开研究建设，根据胜任力需求更新驾驶舱资源管理（Crew Resourse Management，CRM）训练内容，开展胜任力提升 CRM 培训。

2019 年 6 月，中国民用航空局下发《关于全面深化运输航空公司飞行训练改革的指导意见》，为民航专业人员训练改革打响第一炮。同年，中国南方航空运行指挥中心率先在国内开展飞行签派员基于胜任力的培训和评估（CBTA）体系研究建设，对南航运指系统飞行签派员岗位展开分析，制定签派放行、运行调度、情报等关键岗位的胜任力模型，通过情景实操考核、行为观察等方式实施胜任力评估，开展针对性胜任力提升培训，为在中国民航开展中国特色的 CBTA 积极探索，积累了宝贵的研发经验，如图 1.1 所示。

中国民航飞行学院基于 ICAO CBTA（FOO/FD）手册及运行控制虚拟仿真实验平台开展针对各类签派学员的基于能力的训练与评估，其中，以“签派资源管理实践”课程为应用示范课程。

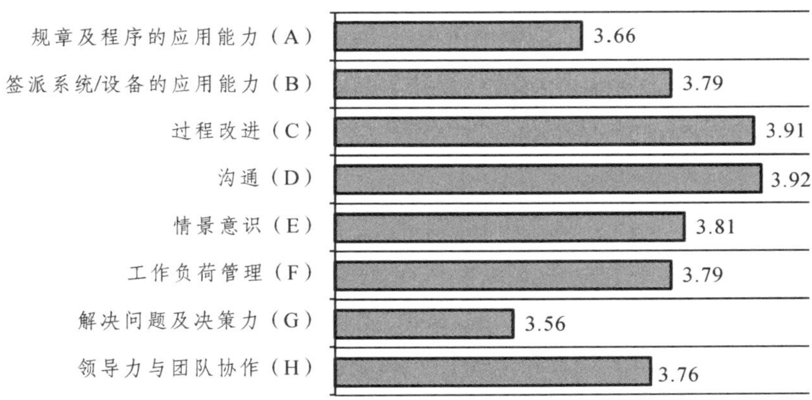

图 1.1　中国南方航空实施国内签派员岗位胜任力评估

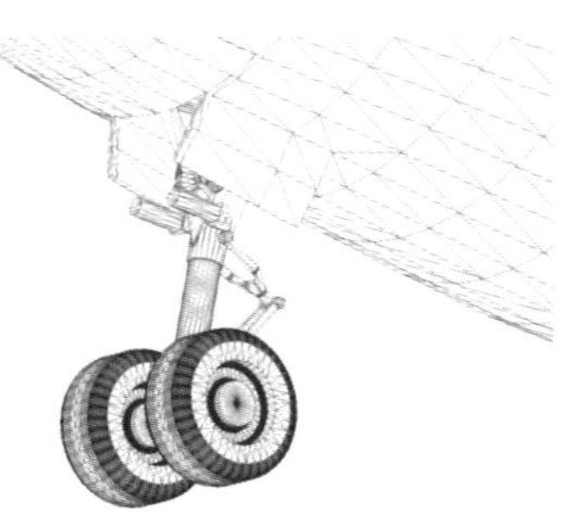

第二章　CBTA 理论基础

20 世纪 60 年代后期，美国国务院认识到以智力因素为基础选拔外交官(Foreign Service Information Officer，FSIO)的效果不理想。许多看上去优秀的人才，在实际工作中的表现却令人非常失望。在这种情况下，麦克莱兰博士应邀帮助美国国务院设计一种能够有效地预测实际工作业绩的人员选拔方法，在项目过程中，麦克莱兰博士奠定了胜任力研究的关键性理论和技术。“胜任力”这个概念最早由哈佛大学教授戴维·麦克利兰(David McClelland) 于 1973 年正式提出，是指能将某一工作中有卓越成就者与普通者区分开来的个人的深层次特征，它可以是动机、特质、自我形象、态度或价值观、某领域知识、认知或行为技能等任何可以被可靠测量或计数的，能显著区分优秀与一般绩效的个体特征。本章重点阐述 CBTA 相关理论及应用方法，为后续章节介绍面向飞行运行人员/飞行签派员的 CBTA 实际应用打下理论基础。

第一节　ICAO 相关文件介绍

1973 年，美国哈佛大学教授戴维·麦克利兰（David McClelland）首次提出“胜任力”的概念，他将其定义为：能将某一工作中有卓越成就者与普通者区分开来的个人的深层次特征，主要包含动机、特质、自我形象、态度或价值观、某领域知识、认知或行为技能等任何可被可靠测量的且能显著区分优秀与一般绩效的个体特征的集合。

本书定义的“胜任力模型”是指某一特定岗位工作所需胜任者具备的胜任力的有机组合，那么根据不同的适用对象，可分为管理岗位胜任力模型、全员通用胜任力模型、生产岗位胜任力模型等。胜任力模型被应用于各行各业的培训和人力资源管理领域当中，因为不同行业环境、岗位设置、工作职责、核心价值等需求不同，对于“胜任力”的定义亦不同，所以需要单独构建相应的胜任力模型。

在民航领域，自 20 世纪 90 年代开始，业界开始认识到单纯地针对早在 20 世纪 50 年代航空器故障水平和运行环境设计的“故障勾选”式和“固定科目式”的训练已经无法满足当前航空器日益可靠、但日益复杂的运行环境，需要从传统的“故障勾选”式和“固定科目式”的训练转为面向飞行员“胜任力”的训练，通过提升飞行员的“胜任力”来应对真实运行环境中的“灰犀牛”和“黑天鹅”两类风险。

ICAO 在《全球航空安全计划》（GASP）中强调基于胜任力的训练和评估（CBTA），鼓励各国支持和实施《全球航空安全计划》，并将其作为持续改善全球航空安全的战略。

ICAO 持续按照下一代航空专业人员（NGAP）方案与关键利害攸关方进行合作，以应对预测出现的航空专业人员短缺问题，其中制定 NGAP 方案的目的是保证提供足够具备运行、管理和维护未来航空器系统胜任力的航空专业人员。

2006 年，ICAO 在发布的《空中航行服务程序—培训（PANS-TRG）》（Doc 9868）中正式提出“胜任力”的概念，将其定义为：任何被用来可靠预测工作业绩优秀人员的素质特征集合（A dimension of human performance that is used to reliably predict successful performance on the job...），同时指出“胜任力”是可以在特定情况通过开展相关活动或者任务，调动员工相关知识、技能和态度，来进行显示和观察的（...A competency is manifested and observed through behaviours that mobilize the relevant knowledge，skills and attitudes to carry out activities or tasks under specified conditions...）。

2017 年，ICAO 为若干类航空人员修订基于胜任力的训练和评估规定，包括飞行员、客舱机组人员、空中交通管制员、航空器维修人员和飞行签派员等，并根据 Doc 9868 文件的第五次修订，协助修订 CBTA 相关配套规范性文件。其中在《循证训练手册》（Doc 9995）中，针对制定和执行周期性训练与评估方案设计了一种新方法，即循证训练（EBT）。该手册主要介绍 EBT 的方法论，强调 EBT 的目的在于确定、训练和评估在商业航空运输环境下安全、高效运行所需的能力，这些能力可根据事故、征候、飞行运行以及训练中收集的证据来进行评估，从而提供更高效的训练，以提升运行安全裕度。

EBT 是基于运行数据的训练和评估，其主要特点是开发和评估学员跨一系列核心胜任力的全面能力。例如，《循证训练手册》中定义了飞行员的九大核心胜任力，而每一个核心胜任力都可以通过特定的可观察的性能行为指标所展现，对此 ICAO 针对飞行员九大能力列出了相关的“可观察行为/行为指标”（Observable Behaviour，OB）清单，具体如表 2.1 所示。

表 2.1　可观察行为指标清单

胜任力	定义	可观察行为
知识应用（Application of Knowledge，KNO）	识别、应用操作指引和现行规章所规定的程序的能力	1.拥有对限制和系统的知识架构并了解其交互关系； 2.对公开的运行细则具备必要知识； 3.具备物理环境、空中交通环境的知识； 4.具备可用法则的配套知识； 5.了解获取信息的渠道； 6.拥有获取知识的积极性； 7.高效地应用知识
程序应用和法规遵守（Application of Procedures and Compliance with Regulations， APK）	根据已公布分运行细则和适用规章，能够运用相应的知识，确定并应用相应的程序	1.确定运行细则的来源； 2.遵守标准运行程序，及时确定并遵守所有运行细则，除非考虑较高的安全裕度而允许有用适当的偏差； 3.正确地操作航空器系统及相关设备； 4.遵守适用的规章手册； 5.应用相关程序的知识
自动航径控制（Aeroplane Flight Path	通过自动化控制航空飞	1.根据情况通过自动化对航空器进行精确、平稳的控制；

续表

胜任力	定义	可观察行为
Management，Automation，FPA）	行航径，包括正确地使用飞行管理系统和引导	2.检测偏离预期的航空器航迹偏差并采取适当的行动； 3.将航空器控制在正常的飞行包线以内； 4.管理飞行航径以实现最佳运行性能； 5.通过自动化保持飞行中的预期飞行航径，同时对其他任务及干扰进行管理； 6.根据所处的飞行阶段和工作量，及时选择适当的自动化水平和模式； 7.有效进行监控自动化，包括连通和转换自动化模式
人工航径控制（Aeroplane Flight Path Management，Manual Control，FPM）	通过人工飞行控制航空器飞行航径，包括恰当使用飞行管理系统和飞行引导系统	1.根据情况对航空器进行精确、平稳的人工控制； 2.检测偏离预期的航空器航迹偏差并采取适当的行动； 3.将航空器控制在正常飞行包线以内； 4.仅通过运用航空器姿态、速度和推力之间的关系来保证航空器的安全； 5.管理飞行航径以实现最佳运行性能； 6.在人工飞行期间维持预期的飞行航径，同时对其他任务和干扰进行管理； 7.根据飞行阶段和工作量，及时选择适当的飞行引导系统和模式； 8.有效监控飞行引导系统，包括接通和转换自动模式
沟通（Communication，COM）	在常规和非常规的情况下展示有效的口头、非语言和书面通信联络能力	1.确定接收者愿意并有能力接收信息； 2.恰当选择通信联络的内容、时间、方式和对象； 3.清晰、精确、简明地传递信息； 4.确定接收者能够正确理解重要信息； 5.接收信息时积极聆听并表示理解； 6.询问相关的、有效的问题；

续表

胜任力	定义	可观察行为
		7.遵守标准无线电话术语和程序； 8.正确阅读和解读所需的公司和飞行文件； 9.正确阅读、解读、构建并响应英文数据链接信息； 10.完成运行程序所需的准确报告； 11.准确解读非语言通信； 12.使用与语言信息一致并支持语言信息的眼神接触、身体动作、姿态和手势
工作负荷管理（Workload Management，WLM）	有效管理可用的资源，无论在任何一种情况下都能够及时对任务进行轻重缓急的排序并执行	1.在所有情况下保持自我控制； 2.有效规划、轻重缓急排序和安排； 3.执行任务时能够有效管理时间； 4.提供并接受帮助，必要时授权他人，并及早请求帮助； 5.认真审查、监控和交叉检查各项行动； 6.核实已完成任务达到的预期结果； 7.有效管理中断、干扰、变化和故障并恢复正常运作
领导力与团队合作（Leadership and Teamwork，LTW）	展示有效的领导能力和团队合作精神	1.理解并赞同机组成员的任务和目标； 2.创造开放沟通的分为，并鼓励团队参与； 3.积极主动，并在必要时给予指示； 4.承认错误并承担责任； 5.预先考虑并适当响应其他机组成员的需要； 6.在得到指示时执行指令； 7.交流沟通相关关切和意向； 8.积极提供正向反馈和接受反馈
情景意识和信息管理（Situation Awareness and Management of Information，SAW）	认知并理解所有可用的相关信息，并预测可能发	1.准确判明和评估航空器及其系统的状态； 2.准确判明和评估航空器的垂直位置和侧向位置及其预期的飞行航径；

续表

胜任力	定义	可观察行为
	生的影响运行的情况	3.准确判明和评估可能影响运行的总体环境； 4.了解时间和燃油的状况； 5.对涉及运行或受到运行影响的人及其按照预期执行的能力保持了解； 6.精确预测可能发生的事情，能够提前做出预判并响应； 7.基于潜在的威胁，制定有效的应急预案； 8.明确和管理对航空器和人员安全的威胁； 9.识别并有效应对情景意识降低的迹象
问题解决与决策（Problem Solving and Decision Making，PSD）	精确确定风险并解决问题，采用适当的决策过程	1.通过合适途径获取准确、充足的信息； 2.确定并核实发生故障的情况和原因； 3.采取合适的问题解决方法； 4.坚持在不影响安全的前提下彻底解决问题； 5.采取恰当、及时的决策过程； 6.恰当地设置优先次序； 7.有效地确定并考虑备选方案； 8.监测、审查和调整必要的决定； 9.有效地判明并管理风险； 10.面临不可预见的情况，随机应变采取行动，争取最安全的结果

其中，飞行员技术核心胜任力共4个，包括知识掌握运用能力、程序执行能力、飞行人工操纵能力和飞行自动操纵管理能力；非技术核心胜任力共5个，包括沟通、领导力和团队协作、问题解决与决策、情景意识、工作负荷管理。

EBT训练方案的目的在于培养和评估飞行员在商业航空运输环境下安全、高效运行所需的能力，以及根据事故、征候、飞行运行以及训练中收集的证据来处理最相关威胁所需要的能力。

第二节　飞行签派员 CBTA 相关理论

2020 年 11 月，国际民航组织发布《飞行签派员基于胜任力的训练与评估手册》（Doc 10106，*Manual on Flight Operations Officers/Flight Dispatchers Competency-based Training and Assessment*），对飞行运行人员/飞行签派员提出了基于胜任力的训练和评估体系建立与制定的指导内容，并将飞行运行人员/飞行签派员完成工作所需的能力定义为八大胜任力。

一、飞行签派员胜任力框架及可观察行为（见表 2.2）

表 2.2 飞行签派员胜任力框架及可观察行为

胜任力	定义	可观察行为
程序以及规章的应用能力	识别、应用操作指引和现行规章所规定的程序的能力	1.恰当解释 SOP，并按需利用其灵活性； 2.及时识别并遵守所有操作指引； 3.遵守适用的规章和程序
技术专长	技术知识和技能的应用与提高	1.检索适用的数据和操作程序； 2.正确解释给定上下文的可应用程序的意图； 3.考虑影响因素，使用准确和适当的运行信息（气象、机场、机组人员、飞机、网络、通用）在运行控制中做出最佳决策； 4.使用标准和非标准的信息分发系统和来源； 5.持续跟进最新的专业技术知识和技能
过程改进	有助于系统持续改善	1.持续地提供有关如何执行程序的适当指导； 2.分析证据以找出进行过程改进的机会； 3.提出过程改进， 以供管理层批准/采纳； 4.为提出的改进内容提供适当的理由； 5.判断特定技术领域的应用发展趋势，并预测变革
沟通	在正常或非正常	1.确保信息接受者有能力并准备好接收信息；

续表

胜任力	定义	可观察行为
	情况下，用恰当方式完成沟通	2.选择恰当的沟通内容、沟通时间、沟通方式和沟通对象； 3.清晰、准确、简洁地传递信息； 4.清晰、简洁地回答技术问题； 5.确认信息接受者正确理解重要信息； 6.接受信息时积极听取并证实理解； 7.提出相关且有意义的问题； 8.通话中落实标准用语和标准流程； 9.正确解读公司文件和飞行文件； 10.准确理解和回应英语交流
情景意识	感知、理解全部相关可用信息，预见影响运行的事件	1.识别并评估复杂运行环境引发的风险与后果； 2.评估现有资源（设施、信息系统、人员），并根据其变化对运行做出相应调整； 3.识别并评估运行状况（飞机状态、天气状况、NOTAMS、劳工运动：指罢工、安保状况等）； 4.实时监控运行状况，预见并解决紧急事件； 5.预先对可识别的威胁或风险提出有效的预案； 6.识别并管理运行风险
工作负荷管理	高效管理可获取资源，各种工作情形下均能划分任务优先级而且及时完成	1.高效管理任务计划，将任务划分优先级，并规划完成时限； 2.完成工作任务时，能够实现高效的时间管理； 3.各种工作情形下均能保持自律； 4.按需提供、接受帮助，按需委托授权或接受他人的委托授权； 5.预见并识别超负荷状态并尽早寻求帮助
解决问题以及决策能力	准确识别风险并解决问题，使用适当决策技术	1.区分运行情况分析所需的无关和相关数据； 2.应用正确的信息、关系、系数； 3.在遇到冲突、意外或不完整的信息时作出适当的决策； 4.使决策适应于可用时间； 5.考虑到安全、成本和运行稳定的评估选项；

续表

胜任力	定义	可观察行为
		6.通过选项工作并定义限制截止日期； 7.使用适当的决策过程和工具； 8.评估自己的决策以提高绩效
领导力和团队协作	与组织内上级、下级协作，促成清晰愿景和共同目标的实现，激励他人达成目标和正面结果	1.管理职业关系，梳理职责边界； 2.获得他人信任，给予他人信心； 3.鼓励合作，追求卓越； 4.通过积极方式定位并解决冲突和分歧； 5.承认错误，承担责任； 6.识别他人的需求，并提供相关信息和解决方案； 7.提供、寻求积极有效的反馈

二、CBTA 相关概念

（一）CBTA 专业名词解读

评估（证据）指南： 一部以证据形式提供详细信息（如容限）的指南，教员或评估人员可以用它来确定考生是否达到胜任能力标准的要求。

胜任能力：被用来可靠预测有效岗位绩效的人员绩效的范围。对胜任力的显示和观察是通过调动相关知识、技能和态度来开展规定条件下的活动或任务的行为进行的。

基于胜任能力的培训和评估(CBTA)：突出表现为以绩效为导向的培训和评估、强调绩效标准及其衡量以及按照规定的绩效标准开展培训。

能力标准：在评估是否已达到胜任能力时被定义为可接受的绩效水平。

先决条件：任何可能符合将在其中展示绩效的特定环境。

飞行运行人员/飞行签派员：运营人指定的从事控制和监管飞行运行的人员（不论是否得到许可），根据适当的资质要求，为责任机长的安全飞行提供支持、讲解或协助。

可观察的行为（OB）：一种与角色相关的行为，可以被观察到，也可能无法测量。

运行控制：对飞行的起始、持续或终止的全过程行使控制权以保障航空器的安全性、准时性和效率。

绩效标准：声明用于评估是否已经具备能力的所需绩效水平。绩效标准包括可观察行为、先决条件和能力标准。

（二）CBTA 理论目标受众

航空公司运行控制的责任与民航规章、行业标准、运行目标、商业目标等因素密切相关。作为航空承运人可以将不同领域的责任和角色发挥单独委派给特定的职能席位，但难以定义特定职能席位或全球统一化的标准和职责。随着航空公司决策支持系统等现代自动化技术处理系统的发展，有效信息与数据的集成处理和分析变得越来越重要，加之民航动态环境的多变，直接导致实施运行控制所需的过程、使用的工具和程序等不断更改，负责信息处理和数据流管理的所涉运行控制人员必然会对风险管理的结果产生巨大的影响。

因此，飞行运行人员特别是密切参与运控生产的飞行签派员必须掌握影响一般和特定航班运行风险的各种因素，并在特定的条件和环境下发挥自己的能力从而展现出强大的灵活性。当然，不局限于高级运行人员和特定角色资质，运行控制系统中涉及的所有人员必须具备能力和资质以确保基本的飞行安全。其中，基本的资质要求涵盖了运行控制中风险管理过程的相关通用因素。

ICAO Doc10106 文件中“飞行运行人员”的名称将基本资质级别的个人与更高运行人员资质级别的个人进行区分。运行人员通常会根据委派给此职能的特定任务来命名职务名称，例如飞行签派员或运行控制人员。若未获得高级运行人员和特定角色资质，仅经历初始飞行运行人员培训，则不符合运行控制的职责要求。所以未经运行人员和特定角色资质的培训，飞行运行人员不能授权为飞行签派员。飞行签派员以及运行控制中所有其他的职务和角色均要求获得初始飞行运行人员资质以及运行人员和特定角色的资质。

飞行运行人员的资质对应初始运行控制能力的基本许可等级，其他运行人员和特定角色的资质则对应评定等级，例如可以分为飞行签派员、气象分析员、性能工程师、运行数据管理人员、运行控制中的其他职能席位等。

运行控制职责中涉及运行人员和特定角色的示例具体如下：

（1）飞行签派员：运行控制系统的核心人员，对每次飞行的各要素进行分析评估，并与机长共同实施签派放行、共同对签派放行承担安全责任，提供飞行计划，签派放行和飞行中支持服务。

（2）性能工程师：提供有关飞机性能和飞行计划技术支持。

（3）运行数据管理人员：集导航、运行数据以及飞行计划适用的策略于一体，管理电子飞行包和飞行管理系统。

（4）运行和网络控制人员：在网络、特定区域和航班中分配运行风险管理流程。负责整合运行安全、运行风险、直接运营成本和客户体验进行问题解决和决策。

（5）运行工程师：将发布的航行资料进行汇编，将运行人员和航空器数据集成到数据库中，以用于性能计算、飞行计划和飞机分配，并对飞行计划应用程序、电子飞行包、飞行管理系统中的集成数据和策略负责。

随着运行控制中心人员的增加，与运行控制有关的基本任务应纳入与角色相关的培训规范中。如果不了解运行控制中的基本任务，人员解决问题和决策的过程将受到限制，导致风险管理品质低劣，甚至可能会危害飞行安全。但运行控制中心的全部角色并非承担所有运行控制职责。例如，飞行机组人员的资源控制或飞机的维修控制并不完全在运行控制定义的范围内。对飞行运行人员基于能力的培训和评估手册范围（FOO CBTA）之外定义的角色，应制定具体的培训计划和手册。在制订具体的培训计划时，应注重运行控制过程中不同角色之间的接口，将 FOO CBTA 的基本要素整合使之简化和标准化。

在运行控制中心的多等级环境中大规模的运行控制组织示例有利于将以任务为导向的培训目标可视化。在较小的运行控制中心存在相同的角色任务，但每个员工也会承担多个角色任务。

ICAO Doc10106 文件对图 2.1 所示的示例角色任务进行了详细的展示。

在进行运行人员特定角色的培训之前，运行控制中心中的第一组角色应被视为飞行运行人员。

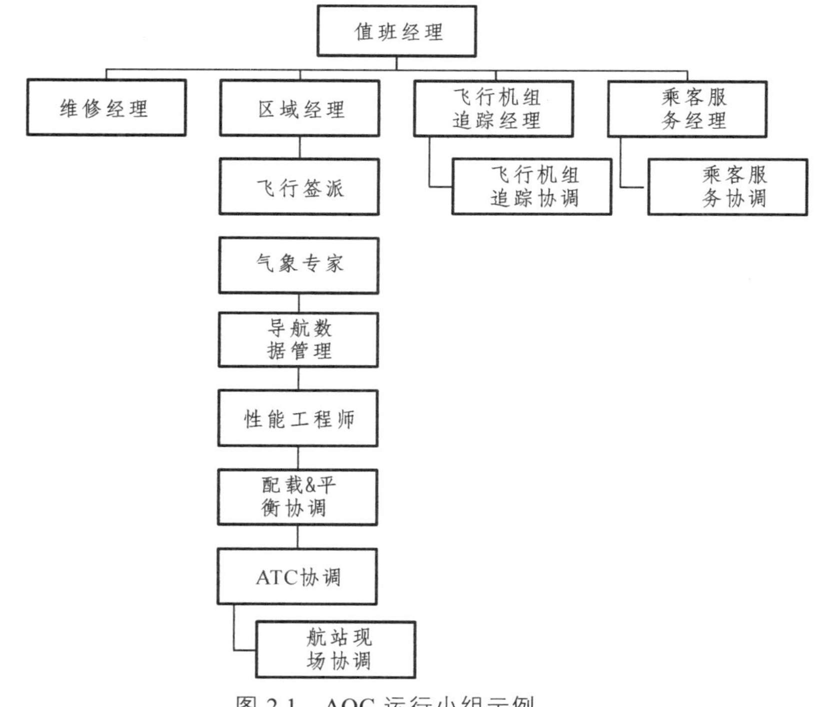

图 2.1　AOC 运行小组示例

三、CBTA 理论训练和评估流程

ICAO Doc10106 文件提出，飞行运行人员/飞行签派员基于胜任力的培训和评估是以绩效表现为导向的培训和评估，建立基于胜任力的培训和评估体系，可以按照以下流程开展。

（一）制定培训规程

首先要进行培训需求分析，需要考虑培训的目的，结合地方、国家、操作、技术、法规和组织等要求，制定满足培训需求的规范。

其次培训规范要求明确培训目标人群、培训类型（新雇员、初始、复训、转机型等)、获取资质、培训任务清单、操作系统/设备、规章制度等内容。

(二)设计合适的胜任力训练和评估模型

主要分为两个部分:

(1)设计合适的胜任力模型。根据公司培训规范中的胜任力需求,结合ICAO胜任力模型框架,选择恰当的胜任力和可描述行为指标,制定相关胜任力标准,并且充分考虑能够展示的场景,经调整形成最终胜任力模型。

(2)设计评估和培训计划。评估和培训计划制订基于培训规范中对飞行运行人员/飞行签派员工作任务的定义,采用合适的胜任力模型,明确任务工作列表中的子任务、知识、技能和态度,建立培训大纲、定义胜任力评估标准,以及明确开展评估的工具,完成评估和培训计划的制订。

(三)开展评估和培训标准与材料的制作

主要是制作培训材料,包括课程计划、训练事件材料(考试、案例分析、视频等)、测试、实践评估等。

(四)实施训练

主要包括:

(1)提供训练;

(2)根据临时和最终胜任力模型监督学员训练进度;

(3)提供及时和持续的绩效反馈;

(4)及时判断不足之处并且提供应对措施;

(5)给出评估结果。

检查训练和评估计划的有效性,并酌情提出改进建议。培训结束后,由学员、教员、检查员和直属领导给出基于胜任力的训练反馈,以检验训练的有效性和可靠性。

第三节　CBTA 理论应用

有了以上的理论知识，接下来我们的重点任务是如何针对特定岗位开展 CBTA 评估和培训，ICAO Doc10106 文件为我们提供了比较清晰的工作步骤和方法流，在实际工作中，我们需紧紧围绕“胜任力”为核心，在岗位胜任力的指导下，对受训学员开展科学合理的评估和培训，并且需要配置有效的运行机制作为保障，才能够最终实现基于胜任力的评估和培训。

按照“干什么、会什么，缺什么、补什么”理念，理清工作职责、评估、培训、能力提升之间的内在逻辑，科学规划以岗位胜任能力为核心的培训评价工作。

首先，根据岗位职责，梳理核心业务内容，理清企业需要员工“干什么”。清晰的岗位职责是确定岗位胜任能力的基础，是建立基于岗位胜任能力培训评价体系的基石。

其次，根据岗位核心业务内容，建立岗位胜任能力评价标准，确定员工应该“会什么”。将岗位胜任力要求具体化，建立与岗位对应的胜任能力评价标准，让员工知道自己应该“会什么”。

再次，实施岗位胜任能力评估，找出员工“缺什么”。通过开展规范严谨的岗位能力评估，全面了解员工的能力状况，根据评估结果，分层分类地分析出员工能力分布状况。

最后，开展针对性岗位培训，解决员工“补什么”。根据员工能力评价结果，针对员工能力短板开展分层分类岗位培训。通过再次评价，检验培训效果，直至评价合格，培养出完全胜任岗位工作的员工。

在实际应用中，我们可以遵从以下方法步骤开展基于胜任力的评估和培训。

一、建立岗位胜任力模型

胜任能力模型就是对员工核心能力进行不同层次的定义以及相应层

次的行为描述，确定关键能力和完成特定工作所需求的熟练程度。

第一步，定义绩效标准。一般采用工作分析和专家小组讨论的办法来确定，即采用工作分析的各种工具与方法明确工作的具体要求，提炼出鉴别工作表现优秀的员工与工作表现一般的员工的标准。专家小组讨论则是由优秀的领导者、人力资源管理层和研究人员组成的专家小组，就某一岗位的任务、责任和绩效标准以及期望优秀领导表现的胜任能力行为和特点进行讨论，得出最终的结论。

第二步，确定某一岗位胜任力特征。可以通过行为事件访谈法或者通过对熟悉该岗位的专家、绩效突出的员工等的综合研讨和评定提炼出胜任该类岗位最需具备的胜任力特征群。

第三步，建立胜任力特征模型。通过行为访谈报告提炼胜任能力，并记录各种胜任能力在报告中出现的频次，根据频次的集中程度，统计各类能力组的权重比例。

第四步，验证胜任力特征模型。可采取回归法、相关系数法等，采用已有的绩效与一般表现员工的数据进行检验。

二、评估方法

当前对于胜任力评估主要采用以下方法：

（一）行为事件访谈法

行为事件访谈法指在一个相对密闭的空间内，通过“一对一”谈话方式，让学员回忆过去一段时间内在工作中感到最具备成就感（或者挫败感）的关键事件，然后详细报告当时发生具体细节。常采取 STAR 法进行：

S——情景（Situation），要求受访者回答事件是在怎样的情景中发生的；

T——任务（Tasks），要求受访者回答为什么采取这样的行为；

A——行为（Action），要求受访者回答采取了哪些行为；

R——结果（Result），要求受访者回答在采取行为后产生哪些后果。

通过采取以上形式访谈，可以确定受访者在关键事件当中发生的具体行为和心理活动，帮助访谈人全面了解事件过程，以对受访者在过程中展现的岗位胜任力提供量化数据。

（二）问卷调查法

问卷调查法指通过书面形式，设计严格的心理测量项目或者问题，向研究对象收集研究数据和资料的一种方法。

问卷调查法常用于构建胜任力，通过采用访谈、开放式问卷收集胜任特征，并对具体胜任特征项目进行筛选、专家评定，最后进行统计分析，得到胜任力特征模型。

（三）情景模拟法

情景模拟法指通过设置与实际工作相关的问题情景，并提供数个解决该情景条件下具体问题可能产生的行为反应，对被测试者关于这些行为反应进行判断、评价和选择，通过设定评定标准等级，根据被测试者的判断、评价和选择给予评分，从而推断其实际的岗位胜任能力水平。

三、培训方法

目前实施的培训方法种类众多，其目的是让学员尽快掌握知识技能。具体培训方法如下：

（一）讲授法

教员主要通过言语表达，按照常规模式向学员系统宣贯概念类知识，使学员识记基础知识和主要概念。讲授法常用于基础理论知识培训。

（二）演示法

教员通过实物、操作、案例演示等展示，使学员直观地了解某项工作的完成步骤，掌握工作要领。演示法常用于操作技能的培训。

（三）研讨法

教员作为主持，鼓动学员之间或者教员与学员之间开展讨论，解决实际工作的疑难问题。研讨法常用于工作流程优化、工作方式创新等。

（四）视听法

教员利用视频、音频、演示文稿、电影等多媒体视听材料进行培训，激发受训者的学习兴趣。视听法多用于新员工培训。

（五）案例分析法

教员利用过往文献记录和调查报告，重新进行审视，用第三者视角去解析当时发生事件的过程和原因,作为对日后工作的警醒或解决特别问题。案例分析法常用于安全类培训。

（六）游戏法

教员用游戏的方式开展培训，使课堂气氛活跃，更有趣味性，提高学员参与程度。游戏法常用于知识竞赛。

（七）网上课程学习

教员通过制作教学课件，利用网络平台或者企业内部办公系统，将教学内容共享至网络平台，方便学员利用分散时间或者业务时间进行学习。另外，教员可与学员进行线上讨论交流，增强学习互动。

传统的培训以培训知识和技能为主，培训方式较为单一，多采用讲授法。以胜任力模型为基础的培训体系不仅包括知识和技能，还应包括潜在的胜任力特征，这些潜在的特质可以采取游戏法、角色扮演等多种方式进行培训，培训方式的选择不仅仅要结合学员的特征，更要结合企业现有的内外资源，做到因材施教，才能促进员工胜任力提升。

在培训结束后需要进行培训评估，一方面可以考察员工是否通过培训改进绩效，另一方面可为后续开展提升培训奠定基础。在实际应用中，我们主要采用柯氏四级评估模式：

（1）学习评估：测定学员的学习收获程度（知识、技能、态度、行为方式等）。主要采取考试、现场问答、模拟测试、写心得体会的评估方式等。

（2）行为评估：主要考察学员的知识运用程度（培训后，其态度、行为方式的变化和改进情况）。我们一般通过行为观察、每月考核及员工关键事件盘点等予以验证。

（3）反应评估：评估学员的满意程度（对教员、课程、培训组织等）。每次培训后都会进行培训满意度的反馈调查，主要以现场发放调查表的形式来完成，调查表事先精心设计，主要涵盖总体评价、培训课程、教员授课、培训组织、合理化建议等几个核心的调查内容。当然，这并不是唯一手段，我们还会通过现场观察培训氛围、培训纪律反馈、员工抽样访谈等方式进行补充调查。

（4）成果评估：对培训后学员在一定时期内所创造的工作业绩增长变化评估，主要是通过绩效考核进行评估。

基于能力的训练和评估流程过程如表 2.3 所示。

表 2.3 基于能力的训练和评估流程

流程一	流程二	流程三	流程四	流程五
分析： 培训需求	设计： 局部的基于能力的训练和评估	开发： 训练和评估材料	实施： 依照培训和评估计划实施课程	评估： 课程包括训练和评估计划

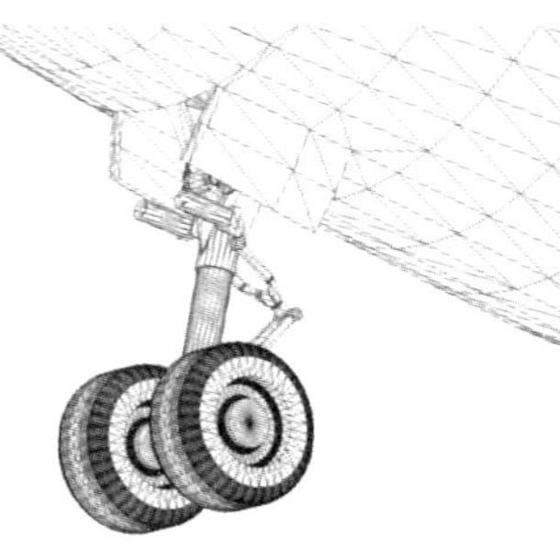

第三章　CBTA 的培训与实施

公司组织的飞行签派员培训包括资质类、复训或其他培训。我们是否经常面临这样一些情况：相关培训按部就班地开展，但培训课程结束后，学习的内容与实际工作及应用脱节严重，或者是应知应会可以秒懂但一到具体业务和操作就手足无措,或者在实际工作或操作过程中差错接连不断。这些情况说明飞行签派员培训存在以下问题：①培训没有与实际业务紧密相连，培训内容与员工诉求相距甚远；②培训没有整体的框架和积淀，重复培训过多；③培训不具有连续性，培训效果没有得到检验和验证；④员工的学习成果在实际转化中出了问题，员工无法将知识转化为工作业绩或绩效。

员工缺什么？目标岗位的要求和现状的差距在哪里？补什么以及怎么补？如何让培训的内容真正转化为员工的实际工作技能？本章将结合航空公司运行特点，参考行业外培训界的一些先进经验，从建立岗位知识地图、调研和挖掘培训需求、萃取并开发实战与应用型的培训课程、开展实施以学员为中心的培训等四个方面来梳理，与读者共同探讨 CBTA 培训转化为实际工作技能、提高生产力并实施的方法。

第一节　建立岗位知识地图

一、岗位知识地图的概念及特征

岗位知识地图，是以岗位知识技能发展路径和岗位晋升规划为主轴而设计的一系列学习活动，是员工在企业内部学习发展路径的直接体现。

岗位知识地图的特性主要有以下三方面：

（1）直观性与可视化。它去除了文字的冗余，采用表格、图形结构等不同的展现形式，提炼最核心的内容，使看就懂，提高了读取的效率。

（2）逻辑性。它揭示了岗位中，从入门到基础再到成熟的发展规律和趋势，善于将多个事物之间的关系和联系展现出来。

（3）创造性。它为人工智能技术做了铺垫，学习诊断和专家系统透过对岗位知识地图中概念与权重的分析辨识、预测学习者的学习状态，进而提出修改和评价意见。

二、岗位知识地图构建的原则

一个符合岗位需求的知识地图至关重要，它可以直观地反映出某个岗位所需要的知识、技能和能力，在构建培训和评估体系方面的意义重大。在构建岗位知识地图时，需要遵循以下四大原则：

（1）明确需求。构建知识地图，必须要依据企业的战略需求和组织的发展变革对岗位职责和工作内容的要求，以知识地图使用者或适用的岗位的需求为导向，符合岗位或使用者的使用习惯，满足岗位的胜任要求。

（2）主题相关。知识地图应围绕岗位来构建，以确保知识地图的表现深度和所需要的广度，进一步细化知识地图的类型、表现形式及相关知识内容。

（3）直观清晰。知识地图的各个层级和脉络，都需要直观清晰，并结合与岗位的相关性和重要性进行分级、分类显示。比如将某个岗位所需的知识分为公共必修、公共选修、专业必修、专业选修等四类，能够让学员清晰地了解到哪些是重要的，哪些是次要的，并合理分配精力。

（4）动态扩展。绘制知识地图时，要注意其动态性和扩展性，尽量减少对结构的依赖，还需要保持地图的时效性和准确性，使用过程中必须不断更新内容和结构。

三、岗位知识地图的构建

岗位知识地图的设计，可以让员工从被动等待公司安排，变为主动学习；从培训部门对培训负责，变为员工自己对学习效果负责；从公司制订培训计划，变为员工根据工作需要自己制订学习计划。需要明确的一点是，岗位知识地图不是一成不变的，随着企业战略的调整、组织能力的变迁，岗位所需内容和能力需要不断调整，以适应新的组织需求。

通过对岗位职责的能力分析，运用多种方法，比如访谈法、问卷调查法等，构建出能力地图，这是学习地图的关键点。能力分析包括能力识别、分类以及分级三部分。基于能力模型的学习地图，需要围绕企业的战略层层分解，根据每个层级分解出的能力，建立合适的能力模型。任何有组织的操作都可以被认为是一个系统、一组实现共同目标的相互关联的元素，这为准确地分析组织和定义绩效问题提供了一种方便的方法。

系统具有以下要素（见图 3.1）：

（1）输入（例如人员、设备、财务资源、外部法规）；

（2）过程（例如程序、结构和规则，通过一系列相互关联的内部机制确保输入转化为期望的输出）；

（3）输出，也称为产品（应满足系统的标准/目标）；

（4）反馈[这是一种根据期望输出（标准）衡量实际输出的机制，并将任何差异的信息返回给系统，以便采取纠正措施，例如修改输入或过程要素]。

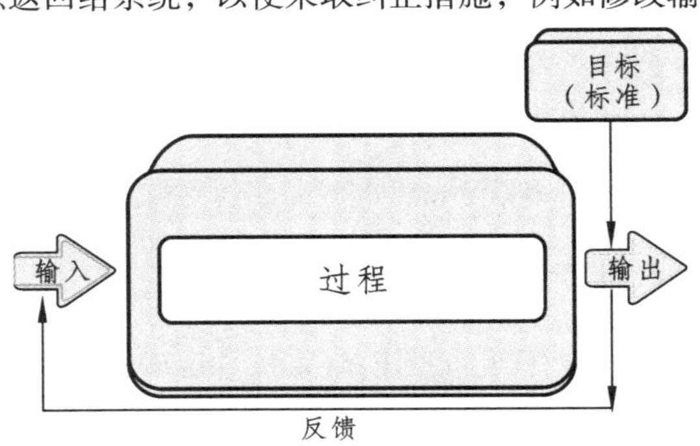

图 3.1　系统要素

绩效问题的原因可能是外部的（直接与来自其他系统或子系统的不适当的输入有关）或内部的（系统过程本身的一部分）。识别受影响的系统对于明确定义绩效问题是至关重要的，特别是因为该系统通常与在分析中必须考虑的其他系统或子系统相关联（见图 3.2）。

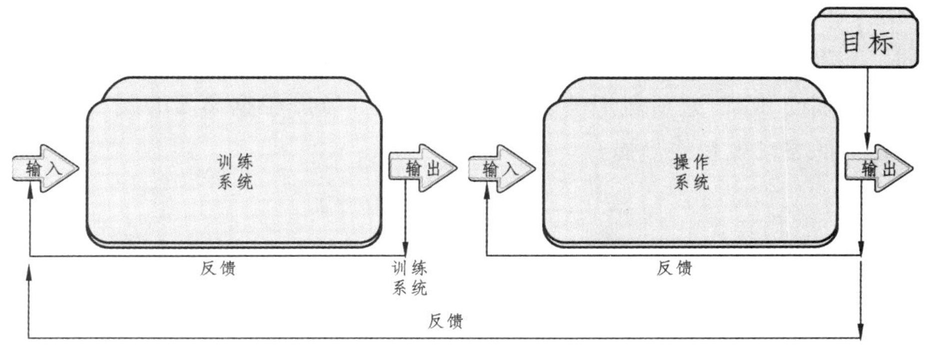

图 3.2　识别受影响系统反馈示意图

第二节　确定岗位任务目标与挖掘培训需求

一、确定岗位任务目标

在公司的某一特定岗位下，往往没有岗位对应的职责，我们需要明确岗位的目标，即划设的知识、技能标准。岗位目标也是我们最终的培训目标。

岗位任务目标的提炼和呈现，能让学习者很清晰地知道自己要做什么，将要收获什么，以及有什么样的改变提升。岗位任务有目标，对应的培训课程有目标，才能衡量培训和教学效果是否实现。依照岗位任务目标的描述，在学员学习完成后，能检测学员是否学到，能力是否与岗位要求所匹配。

岗位任务目标是对岗位任务和关键点的提炼，关于重点内容的阐述要明确、具体和可衡量。同时要站在学员的角度去分析目标是什么，可衡量的表现形式有哪些。

岗位职责对应岗位工作任务，完成规定的任务需要遵守相关的政策和流程。如何完成规定的任务，需要具备哪些知识和技能，是我们确定的岗位任务目标，也是我们培训和教学的目标。

布鲁姆教学目标分类法是一种教育的分类方法。教育目标可分为三大领域：认知领域、情感领域和动作技能领域。教育目标分别对应培训内容的三大类别：知识、态度和技能。根据布鲁姆教学目标分类法（见表 3.1），不同类别的知识，它所运用的动词标准是有区别的，根据学习的层次变化，对目标的要求也在逐步提升。

表 3.1　布鲁姆教学目标分类

内容类别	动作	释义
认知领域（知识类）	知道、说出、写出、标明	所获的实际信息
	领会、解释、归纳、比较	把握知识的意义
	应用、论证、举例说明	知识应用于新情境
	分析	知识分解、寻找联系
	综合、编写、设计	整合知识、创造能力
	评价、评定、证明	对价值做出判断
情感领域（态度类）	接受、注意、觉察	愿意注意某事件或活动
	应用、主动参与	获得满足
	评论、欣赏	对知识做态度和信念上的肯定
动作技能类（技能类）	直觉、观看	通过感官，感受动作
	模仿、演示	重复被显示的动作
	操作	学生独立操作
	准确	精确、无误的操作
	连贯	按规定顺序调整行为
	习惯	自动或自觉做动作

在成人培训领域，学习目标的表述没有这么复杂，通常是结合“知识、态度、技能”三个方面，采用“动词+”的表述结构。比如说：

理解……

认识……

转变……

提高……

改善……

岗位分析的关键部分之一是确定每个子任务的 K/S/As。所有的子任务，即使是最小和最不重要的任务，都应该至少有一个 K/S/A。如果课程开发团队不能识别一个 K/S/A，那么它应该仔细考虑子任务是否真的是一个任务元素。不同任务描述表上的 K/S/As 的总和表示学员为了胜任工作而必须获得的全部信息。主题专家在识别 K/S/As 方面的作用至关重要，为此所投入的所有时间将在开发的后期阶段得到回报。获得的关于 K/S/As 的信息将有助于构建本课程未来模块的各个部分的内容。

（1）知识（K/S/A 中的 K）：知识对于大多数子任务都是必要的，但这个术语最好保留在简单的事实中。知道必须穿防护服给飞机加油，知道乘客登上飞机必须通过安全检查，知道飞行计划之前飞机可以授权离开都是事实，但这样的事实本身不允许员工完成一份工作。要做到这一点，员工必须使用知识，这涉及运用知识技能将知识转化为有意义的行动。

（2）技能（K/S/A 中的 S）：技能的范围是从最基本的到非常复杂的。培训专家开发了许多技能水平的分类，目的是以一种常识性的方式组织培训序列，以便受训人员首先建立在低水平知识技能上，从而达到更高级的水平。这仅仅意味着，如果学员事先没有接受过如何分类信息、定义和应用基本概念、应用规则和做出判断，以及所有可能涉及解决问题的知识技能，那么期望他们解决问题是不现实的。课程开发团队的工作是使用一个精心选择的动词来记录执行子任务所需的每个确定的技能。复杂的子任务可能需要许多技能，在完成任务描述表时，不要忘记一个必要的技能。

（3）态度（K/S/A 中的 A）：一个人对一个特定情况或问题的态度往往通过那个人的选择或偏好表现出来。例如认真工作（而不是疏忽大意），愿意帮助同事（而不是拒绝帮助），在紧急情况下保持冷静（而不是恐慌）。态度部分取决于一个人的气质、社会背景和教育程度，这是无法改变的，态度也取决于一个人的经验，其中可以包括训练。改变一个人在执行特定子任务时的态度是一个有效的训练目标。例如，受训者可以被要求在执行特定任务时展示一定的态度，他们的具体表现可以根据预先确定的标准进行评估（例如受训者在面对乘客抱怨时展示礼貌但坚定的态度，新机长是否认真检查等待装上飞机的货物的标志，机场营运主管彻底核实所有行车灯是否令人满意）。

二、挖掘培训需求，设定培训目标

受众分析是分析培训需求中非常重要的一点。通过收集关于目标人群的信息，一是确定已经获得的任何 K/S/As，因为这些可能被排除在培训设计步骤之外；二是确定首选的学习风格以及未来学员的社会和文化环境，因为这些可能对培训策略的选择产生重大影响。

当不确定目标人群中的某些人是否已经获得了参加该课程所必需的基本技能时，就可以准备一个先决条件测试。它可以作为检查潜在学员是否属于课程设计的目标人群的一种手段。问题应该只包括有疑问的 K/S/As。在课程开发过程的第二阶段即设计和生产的后期进行的开发测试中，它可以在目标人群的样本上进行验证。因此，可以在最终设置培训级别之前检查关于培训目标门槛的早期假设。检查已获得的 K/S/As 是很重要的，培训目标门槛会增加较多额外的训练内容，为课程开发工作带来额外负担。

目标人群可以分为两种类型：

（1）主要目标人群，由培训后完成工作的员工组成。他们可能是需要从头开始培训的新员工或将接受在职培训的现有员工。

（2）二级目标人群，由培训后应该熟悉工作内容，但又不需要参与实际执行过程的人员组成，如主管或其工作可能直接影响训练效果的人员。

课程开发团队可能很难收集到它希望获得的关于目标人群的所有信息。但是，在执行这项任务时，必须克服在获得所需细节时遇到的任何障碍。对目标人群了解得越多，就越容易设计出适当的培训材料。

什么时候应该开展培训需求分析？一般来说，培训“压力点”会有三个来源：第一，组织中存在一些安全风险或问题亟待改善。比如，对于航司的运行控制部门来说，它们在当前存在的一些重大危险源或安全差错事件等。第二，组织中发生了一些变化。如某项规章制度或操作流程的更新，或者是引入新的生产设备设施。要接受新事物的前提是要具备新观念、新技能，培训在这些领域大有用武之地。第三，组织中总是存在更高的期望。如期望员工的业务技能和素质与时俱进等。虽然没有出现明显的业务问题，但组织为了长远发展，必须挑战更高的目标。

第三节　培训课程体系设计

一、组织常用的课程设计模型

（一）HPT 模型

HPT （Human Performance Technology）模型，即绩效技术模型，它通过确定绩效差距、采取有效益和效率的干预措施，获得所希望的人员绩效。该模型强调对低成本、高效益和高效率的解决问题的方法选择。HPT 模型的操作步骤如图 3.1 所示。

（二）CBET 模型

CBET 模型（Competency Based Education and Training Model），即能力本位教育培训模式，它起始于技术工人的职业培训，基于职业岗位而开发，明确模式的教学基础、教学目标和评价标准。

能力可以是动机、特性、技能、人的自我形象、社会角色的一个方面或所使用的知识整体。所以，能力是履行职务所需的素质准备。通过培训可以使人的潜能转化为能力。

CBET 模型基于岗位的课程开发和实施流程如图 3.2 所示。

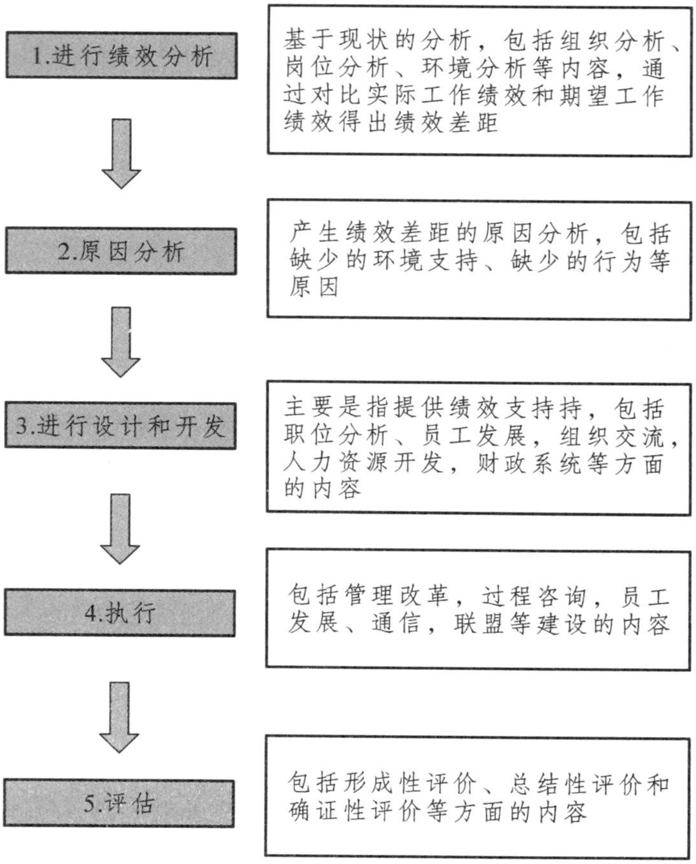

1.进行绩效分析

基于现状的分析，包括组织分析、岗位分析、环境分析等内容，通过对比实际工作绩效和期望工作绩效得出绩效差距

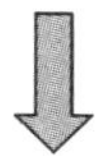

2.原因分析

产生绩效差距的原因分析，包括缺少的环境支持、缺少的行为等原因

3.进行设计和开发

主要是指提供绩效支持持，包括职位分析、员工发展，组织交流，人力资源开发，财政系统等方面的内容

4.执行

包括管理改革，过程咨询，员工发展、通信，联盟等建设的内容

5.评估

包括形成性评价、总结性评价和确证性评价等方面的内容

图 3.1　HPT 模型的操作步骤

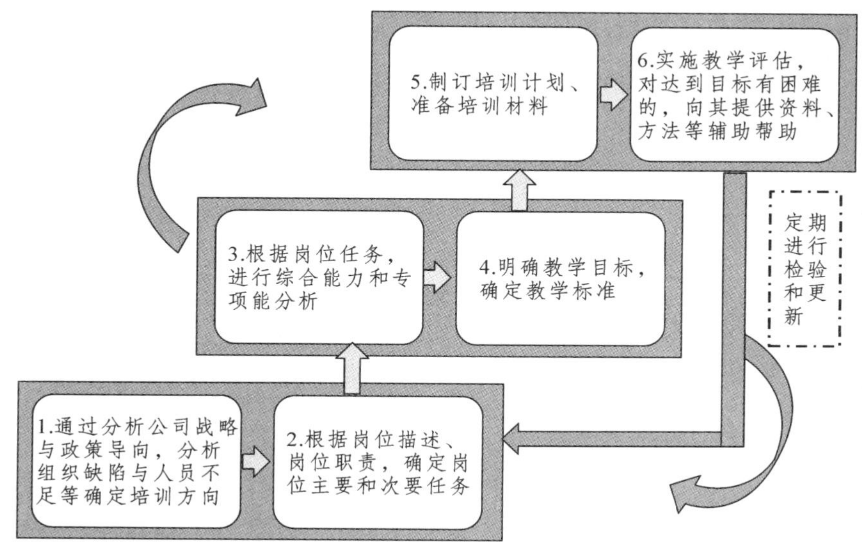

图 3.2　CBET 模型基于岗位的课程开发和实施流程

CBET 是以某一工作岗位所需的能力作为开发课程的标准，并将学习者获得相关能力作为培训的宗旨。CBET 模型体现的能力观是任务能力观，它将任务或任务的叠加作为能力，但这种能力观的应用有其局限性。

CBET 模型的指导思想和课程开发方法说明，不同的人才类型存在不同的培养规格和课程模式，所以不存在离开人才特征的统一的教学标准。CBET 模型应用于组织培训中需考虑如下三个要素（见图 3.3）：可以针对某一岗位群应用、可以针对某一岗位应用、适用于与具体技术相关的培训。

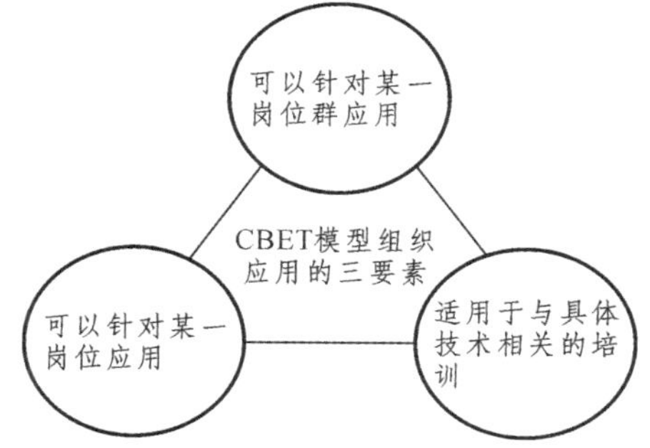

图 3.3　CBET 模型应用于组织培训中三要素

（三）ADDIE 模型

ADDIE（Analysis-Design-Development-Implementation-Evaluation）模型包含三个方面的内容，即要学什么（学习目标的制定）、如何去学（学习策略的应用）、如何去判断学习者已达到学习效果（学习考评实施）。ADDIE 模型的流程与内容如图 3.4 所示。

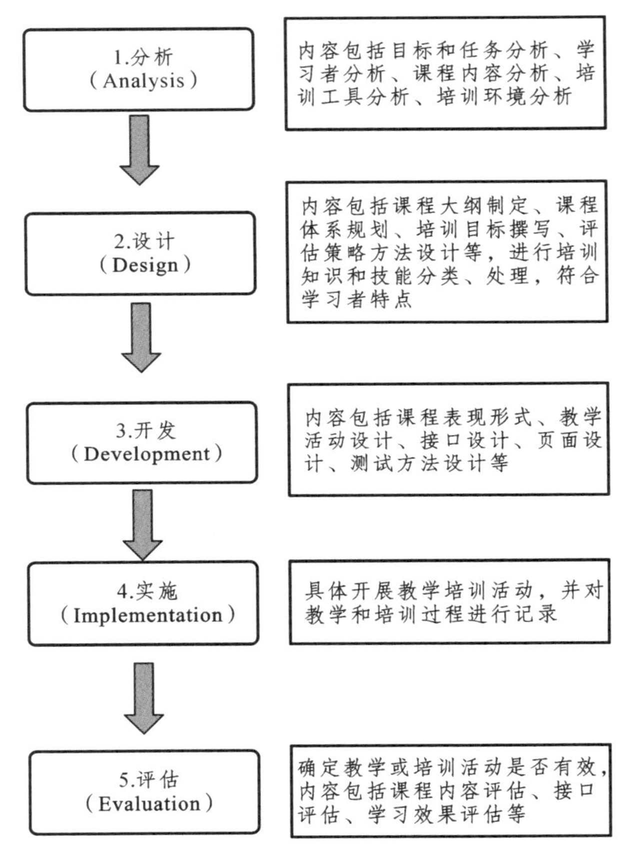

图 3.4　ADDIE 模型的流程

（四）系统方法

系统方法是随着解决复杂大企业的效率问题应运而生的，是指从系统的观点出发，始终着重从整体与部分（要素）之间、整体与外部环境之间、部分（要素）与部分（要素）之间的相互作用和相互制约的关系中考察对象，从而达到最佳的处理问题的一种方法。系统方法的使用包括三个主要阶段，即分析、设计和生产、评估，另外还包括每个阶段之间的反馈（见图 3.5）。在 ICAO Doc 9941 文件中，这三个阶段又分为以下七个步骤：

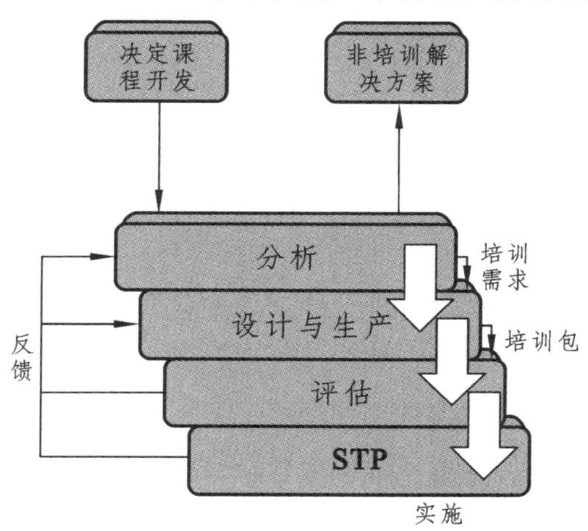

图 3.5　系统方法流程

阶段一：分析

步骤 1：初步研究

这一步，旨在为培训管理人员提供以下问题的答案：

①培训期望解决的问题到底是什么？

②是什么原因造成的？

③培训和非培训解决方案？

④需要哪些管理措施使培训解决方案有效，包括提供必要的资源？

在完成步骤 1 后，培训管理将做出平衡的决定，即应该遵循哪种培训方法，应该分配哪些资源来开发培训方案。步骤 1 中要求的分析应由课程开发人员与培训管理人员和主题专家密切合作进行。

步骤 2：职位分析

在这一步中，系统地对岗位进行分析，以确定每个任务的绩效要求，并从中定义员工以可接受的能力水平执行任务所需的知识、技能和态度。这些工作绩效的“标准”是在岗位分析过程中定义的。培训计划的重点是使员工能够胜任执行任务，而不仅仅是“了解”或“理解”主题。在岗位分析期间，课程开发人员应努力确定适合培训的 K/S/As。

在岗位分析期间，课程开发人员还必须确定岗位的关键任务，如果没有这些任务或包含特定性能困难的任务，任务就无法完成。在课程开发过程和随后的培训实施过程中，需要特别强调关键任务。在完成任务分析之前，应为每个任务准备一个任务终端目标。每个目标必须包含任务绩效、绩效条件，以及在执行任务时所要达到的标准或能力水平。

步骤 3：受众分析

在这一步中，将收集关于未来学员的目标人群的信息。课程开发人员试图确定这些学员已经掌握的知识和技能以及他们的教育背景，他们预先设定的学习风格以及他们的社会和语言环境，因为这些因素可能会对课程模块的设计产生影响。

阶段二：设计和生产

步骤 4：课程设计

有了在分析阶段获得的信息，课程开发人员团队将设计未来的课程。这是通过一个称为“排序”的过程来完成的，在这个过程中，岗位分析中的子任务，以中间（性能）目标的形式编写，被分组为训练模块，这些模块又被放入一个逻辑训练序列中。

当课程开发团队决定在岗位分析过程中定义的任务应该成为一个培训模块时，在岗位分析过程中已经制定的任务终端目标将自动成为新模块的模块结束目标。当一个模块由一个任务的一部分（例如一个或几个子任务）或两个任务或多个任务的组合组成时，必须准备一个新的模块结束性能目标。所有的目标都将始终包含前面概述的绩效、条件和标准。

课程开发人员必须为每个模块设计一个单元测试。单元测试必须始终与模块结束时的绩效目标相匹配，然后用模型答案和一个有效的评分指标来衡量学员的表现。

在设计模块本身之前，必须绘制每个模块要包含的教学要点。通常，这些来自岗位分析中定义的各种子任务的 K/S/As。鉴于这些子任务在课程开发过程的步骤 4 中成为中期目标，教学要点将构成中期目标的内容，共同指向模块的结束目标。

步骤 5：模块设计

在此步骤中，为每个模块设计培训活动的详细计划。该计划必须确保学员能够按照所要求的标准（能力水平）执行模块结束目标。在课程开发过程中，我们将首次准备好每个教学要点的详细内容。与首先考虑详细大纲的传统方法相比，模块设计只包括与实际模块结束目标相关的内容，从而大大减少了培训使用的时间和资源。每个模块的培训策略将由课程开发团队来定义。对于模块内的每个教学点，将包括决定适当的授课模式和培训技术以及媒体的选择。在此步骤中，应分别完成与模块结束目标和中期目标相对应的试验与进度测试。

步骤 6：生产和开发测试

当每个模块的设计参数确定后，就可以开始制作最终形式的培训材料。课程开发过程的步骤 5 和步骤 6 可以节省时间，也允许课程开发人员完成模块。为了确保培训材料合适和有效，建议在验证交付之前进行开发测试。这包括尝试使用熟练和非熟练的学员进行单元测试，测试项目视听的准确性和相关性，并确保目标人群能够理解印刷材料。任何需要的更正必须在有效交付前完成。

阶段三：评估

步骤 7：验证和修订

必须仔细监测完整课程的第一次交付，以确定在培训期间，受训人员是否做出预期的反应并实现模块结束绩效目标。每个模块的单元测试结果必须仔细记录，并根据要求的绩效标准进行检查。同时也会收集、分析学员和教员的意见。如果在验证交付过程中发现任何缺陷，应查明原因并采取行动加以纠正。

二、课程设计

课程开发过程中课程设计的目的是：

（1）对从子任务中获得的中期目标进行排序，并将其分成培训模块，形成课程；

（2）编写与学员在完成培训后能够完成的表现相对应的模块结束目标；

（3）为每个模块结束课程设计有效可靠的单元测试；

（4）列出每个中期目标的所有教学要点及其内容的来源。

课程设计是课程开发的关键步骤，因为它在分析阶段仔细收集的所有信息和每个模块的详细教学内容的开发之间形成了一座桥梁。在岗位分析期间，子任务应该使用动作动词作为单一绩效写在任务表单上。它们还应该有顺序的识别号。在课程设计步骤中，这些子任务被认为是中期目标，学员必须掌握它们各自的 K/S/As 以实现目标的特定绩效。然后必须对中期目标进行排序，以便对模块进行逻辑分组，这将决定本课程的结构。建议在墙上使用卡片系统来进行排序，任务的标题和数字可以写在墙上的卡片上。仅使用识别号的中期目标可以在每个相应任务的级别上单独确定。课程开发团队必须与主题专家一起进行顺序练习。

从第一个任务开始，团队应该询问每个中期目标，如果它依赖于另一个中期目标的输出,或者在实现以下中期目标之前是否需要它自己的输出。如果在岗位分析过程中，对子任务提出了相似的问题，那么这将大大促进课程设计。通过这种方式，一个卡片链可以以正确的倾斜顺序以流程图的形式逐渐建立在墙上。

这里列举三种可以将目标分组为模块的可能性：

（1）在岗位分析中定义的任务构成该模块。这将是一个直接的 1∶1 关系，大多数课程包含这种类型的模块。然而，一个看起来简单的解决方案不应该一般化并适用于所有任务。任务通常具有不同的重要性和不同的复杂性，并可能包含带有大量操作说明的中期目标。

（2）该任务被分成两个或更多个模块。这意味着一些中期目标被分组为单独的模块。当复杂的任务有许多中期目标和大量的 K/S/As，并且维护整个任务作为一个模块可能导致它变得难以管理时,通常会发生这种情况。通常将更基本的以知识为导向的中期目标和技能与需要实践的更高级专业和技能区分开来。在相当特殊的情况下，一个特别重要的或复杂的中期目标有可能单独+成为一个模块。

（3）两个或多个任务组合在一起形成一个模块。当任务相对简单或包含需要类似 K/S/As 的中期目标时，通常会发生这种情况。为了避免有小的、重复的模块，将来自不同任务的中期目标组合是合理的。

在确定这些模块时，应尽可能遵守以下三个条件：

（1）模块中所涵盖的相关中期目标组应该能够在一个尽可能反映真实工作条件的模块测试中进行测试。

（2）该模块的培训时间应该在 2 小时到 2 天之间（除非需要在有限数量的专门设备上进行大量的实际练习）。模块的长度不应该使学员忽略模块的结束目标。换句话说，学员必须始终能够看到每个教学活动如何在模块结束时实现目标。

（3）应该选择模块的序列，以便使实际应用的机会尽可能接近所涉及的 K/S/As 的学习。

对于将目标分组为模块，并没有绝对的答案。如果课程开发团队的每个成员都被要求以自己的方式对目标进行分组，那么每个人都会提出不同的整体结构。这就是为什么课程开发人员和主题专家之间必须达成共识，这些专家对技术要点和教学所需细节的建议是无价的。

课程设计是一个创造性的过程，其目的不仅是通过一个课程让学员以最有效的方式达到每个模块的能力标准，同时也是创建一个课程以吸引学员们的注意力并激励他们。后者在很大程度上取决于模块设计步骤中培训技术和媒体的选择，但如果模块的初始结构是刚性的和完全统一的，就很难创建一个有趣的课程。一旦定义了课程的模块结构，并从墙上的流程图中记录了顺序图，每个模块都将收到一个暂定的标题，可以是名词或动词的形式。每个模块都需要一个单独的表格，并逐步完成，以便提供课程开发过程的下一步所需的所有信息，即模块的设计。

三、模块设计

课程开发过程中的模块设计的目的是：

（1）为前面课程设计步骤中定义的每个模块准备详细的指南，规定每个模块内的每个教学活动使用的教学顺序、授课方式、培训技巧和媒体，使学员能够达到每个中期目标所要求的绩效，从而完成模块结束目标。

（2）详细规定每个模块内每个教学活动所需的内容。

（3）为制作的目的准备每个模块内容的草稿（培训支撑/手册、工作辅助工具、媒体演示场景等）。

（4）准备进度测试，以衡量学员对中期目标的实现情况，并对学员的进度提供反馈。

（5）完成前一步为每个模块结束目标设计的单元测试。

模块设计的准备工作通常是最耗时的，特别是在目前有效的培训材料很少的情况下。当需要从头开始研究信息、撰写技术文本草稿、准备图形、开发表格和清单等时，培训管理必须预见到需要并提供足够的人力资源。如果没有足够的资源，开发该课程的时间框架可能会大大延长。然而理想情况下，应该有大量来自现有课程的优秀培训材料，如果是这样的话，组织将其引入每个模块的正确部分所花费的时间不应该太久。所以，课程开发团队的努力和学科专家的部分帮助不能被低估。

一个模块的结构必须使每个学员都有机会完成模块结束目标。尽管课程中每个模块在重要性、内容和复杂性上都会有所不同，但它将始终具有相同的基本结构方法。

- 每个模块都有一个开头部分：① 模块结束目标的展示和单元测试；②指示内容的相关性。
- 每个模块都有一个由一系列教学事件组成的中心主体，每个教学事件对应一个中期目标，每个教学活动应该有以下结构：①内容的展示；②阐明内容的要点；③提供实践和测试进展；④提供反馈。
- 每个模块都有以下结束内容：模块结束目标的绩效（单元测试）和成绩评估（反馈）。

无论课程如何，授课方式是个性化授课还是分组授课，主要由两方面决定：是基于有效的培训材料培训，还是基于教员个人培训。通常在传统课程中，很大程度上依赖于教员对培训的各个方面（例如方法、内容、陈述和评价）的判断。所有培训课程将以经过验证的、文件良好的、可重复的培训包的形式进行，测试并证明有效。在此，可以考虑四种可能的交付方式：

（1）小组培训——依赖教员。教员是信息的主要来源，并决定包括什么和如何进行培训。

（2）小组培训——依赖教学资料。教员提供有效的培训材料，必须根据教员指南中提供的详细说明使用。

（3）个性化的培训——依赖教员。教员指导每个学员，根据每个人的感知需求规定活动，并根据需要给出个人解释。

（4）个性化指导——依赖教学资料。学员会得到经过自我结构验证的培训材料。教员负责根据教员指导书中的详细说明，控制学员的活动和进度，并根据个人需要安排补充解释或讨论。

四、以培训目标为导向、以学员为中心的课程设计

（一）成人的学习特点

一个人的未来由知识、技能和态度决定。同样，评判一个人能否胜任某个岗位的工作或者是否具有岗位胜任力也可由知识、技能和态度三个方面来评判。CBTA 的训练多侧重于知识与技能提升的训练。而我们要提高培训的效果，就要了解成人的学习特点。

成人在接收培训之前，经过了大量的学习和训练，熟练掌握了一些方法和理论，整体的逻辑性也比较强，这使得他们在理解抽象概念和事物时，接收能力会比较强。成人学习的四大原则是：

（1）自愿原则。

成人在学习某项知识技能时，目的明确。 他们首先会问自己为什么要学习这些知识技能，考虑这些知识或技能对他是否有帮助，他们能否借助学到的知识或技能改进自己的工作。或者说即便没有太大的实用性，但如果这些知识能够给自己们带来快乐,或者帮助他们了解某个行业的情况，那么他们也会去学习。所以只有让成人认识到对他们有用，他们才能调动

自己的注意力，让大脑处于高速运转状态全身心投入学习。

（2）经验原则。

成人作为培训对象，一般已经掌握了一系列的知识和技能，或者他们已自有一些知识和经验，所以成人在学习新的事务时，会思考过去的经验能否派上用场。丰富的经验对于成人来说能发挥很大的作用，但也可能变成学习的障碍。一方面，这些经验可以促使成人较快地理解培训内容，对比所学的知识，取得举一反三的效果。另一方面，过去的经验也会成为他们的学习障碍，使他们陷入自己设置的思维框，从而拒绝接受一些新的东西。

（3）自主原则。

对成人来说，在学习或培训过程中，他们希望能在一定范围内享有一定的自由权，如参与式学习，自主决策的权力等。在他们看来，积极主动参与某件事情，积极发挥他们的能动性，就能取得更好的效果，同时也是他们自身能力的体现。所以，在督促员工学习的过程中，我们要以引导为主，并适当给予他们一定的自主权，激发他们的自学意识。

（4）行动原则。

有时候尽管培训的内容与成人的实际工作息息相关，但培训结束后，许多人并不能很好地将学过的知识或技能迁移到实际工作中。其原因在于虽然他们掌握了培训的知识和技能，但没有采取足够的行动来检验和巩固所学的知识，或者他们又习惯地使用自己过去掌握的办法行事，渐渐将培训所学的内容遗忘，无法达到培训应有的效果。

（二）以学员为中心的培训课程开发

结合成人的四个学习原则，我们在课程设计时，需要从旧的培训灌输思路转变为以学员为中心的培训理念，进行因材施教。

（1）确定课程名称——培训内容与对象的交集。

培训课程名称一定是要让学员觉得与他们相关，具有一定的吸引力。比如一门软技能培训课名称叫“POT 教员完美演绎技巧——成为授课高手”，这样的名称就很容易帮助学员找到自身与课程的交集点，题目有针对性，内容更容易出彩。

（2）寻找课程价值点——课程内容设计。

给学员一个来参训的理由。课程开发者要首先思考课程能带给学员的价值是什么？需要达到什么目的？学员在学完这门课之后，能解决哪些业务痛点？需要达到什么目标？

接下来设计内容分两步。第一步，先设定课程的内容，也就是内涵，尤其是核心内容；第二步，确定外延，就是适当准备间接相关的内容，因为它对主题内容的补充往往可以起到锦上添花的作用。

（3）设计课程逻辑——内容的结构化整合。

课程内容设计时难免要借助一些资料，但如果只是把资料简单地拼凑在一起，很容易形成一节看似内容很多但主题不明确的课程。所以，课程开发者在这个环节首先要设计课程逻辑。课程最简单的逻辑是背景、现状、重要性、概念讲解、互动分享、总结。其次是结构化整合，授课的内容要根据主题做取舍或整合，也可以根据学员的背景，从学员熟知的领域慢慢展开，逐渐过渡到课程主题上。内容的广度并不是很重要，内容的深度才是最重要的。不要什么都讲一点，而是要就一个观点做深入的讲解。

（三）结合成人学习特点实施培训

学习金字塔理论模型是美国缅因州的国家训练实验室研究成果，它用数字形式形象展示了，采用不同的学习方式，学习者在两周以后还能记住内容（平均学习保持率）的多少。它是一种现代学习方式的理论，最早由美国学者、著名的学习专家爱德加·戴尔于 1946 年发现并提出。学习金字塔理论模型如图 3.6 所示。

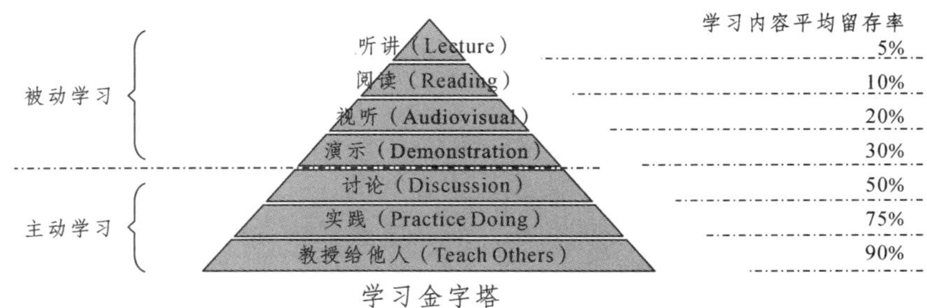

图 3.6　学习金字塔理论模型

资料来源：美国缅因州的国家训练实验室。

如图 3.6 所示，学习方式共七种。位于塔尖的，是第一种学习方式——“听讲”，也就是老师在上面说，学生在下面听，这是我们最熟悉最常用的方式，但学习效果却是最差的，两周以后平均学习保持率只有 5%。第二种，通过“阅读”方式学习，可以记住 10%的内容。第三种，采用“声音、图片、视频”的学习方式，可以记住 20%的内容。第四种，采用“示范”“看演示”的学习方式，可以记住 30%的内容。第五种，采用“小组讨论”“参与讨论”“发言”的学习方式，可以记住 50%的内容。第六种，采用“实践练习”“做中学”“实验法”的学习方式，可以记住 75%的内容。最后一种学习方式，是“教别人”或者“马上应用”，可以记住 90%的内容。

也就是说，学习效果在 30%以下的几种传统方式，都是个人学习或被动学习；而学习效果在 50%以上的，都是团队学习、主动学习和参与式学习。

所以，激发员工学习的内在动力，提高培训过程中学员的参与度，能有效提高培训有效性，增加培训转化为行为的效率。

（1）激发学员学习动机。

在组织行为学中，动机主要是指激发人的动机的心理过程。通过激发和鼓励，使人们产生一种内在驱动力，并朝着所期望的目标前进的过程。对于企业培训而言，激发员工的学习动机才是有效培训的开始。

一般来说，员工会因培训内容给予他的第一印象而对整个培训形成一个基本的认知和态度。若培训师能够在培训开始的几分钟便通过培训内容在组织与呈现上的变化激起受训者的好奇心，就有可能使其对整个培训形成一个积极的心理倾向。

设计策略 1：激发感知好奇

就感知好奇而言，培训师可以在课程一开始就以新颖的形式，如字体选用、色彩配置、画面构思、版面比例、框面设计等方面来激起受训者的好奇，进而激发其学习的动机。但需注意的是，虽然激发感知好奇的手段丰富多样，但这些手段不能过度滥用，否则会导致员工不得不把大量精力放在对不同界面感知信息的处理上，造成认知过荷，影响最终的培训效果。

值得一提的是，培训内容顺序的不同也有助于激发员工的学习动机。

培训一般是按照原理阐释——案例分析——实践（情景模拟）三大环节的典型顺序来组织的。多数情况下，这是一个效果较佳的方法。

但有研究表明，若改变这一顺序中的某个环节，或是改变整个顺序，会更大程度地激发员工的学习动机，如以情景模拟作为培训的开始，激发受训者参与或进行角色扮演，然后再对模拟过程进行解释，并列举更多的正例和反例加以说明，最后让受训者做同样或类似的模拟练习，这种不同以往的顺序安排可以极大地激发受训者的好奇心，获得更好的培训效果。

设计策略 2：激发认知好奇

就认知好奇而言，培训师可以通过设置疑问，使用与受训者已有生活或工作经验相悖的例子，以及使用幽默的语言或意想不到的观点等引发受训者的认知冲突，甚至还可以通过提出一个尚未定论的悬疑问题来制造神秘气氛以激发受训者的好奇。

比如，在培训课上，培训师首先向大家做这样的情景描述：一名得到大家认可的优秀飞行签派员，在处理某一件事的时候，却因某一个小问题处置不当，遭到了旅客的投诉，原因可能是什么？这种情景与员工日常优秀者受表扬的工作经验相矛盾，势必会激发热烈的讨论，培训师因势利导，引入安全生产的培训主题，要比开门见山空谈安全生产重要性的效果更好，而且通过讨论增加了学员的参与度，可以达到进一步激发学习动机的目的。

（2）持续激发学员的参与度。

“做到”比“知道”更重要，这是民航业，尤其是运行控制部门的从业人员培训的根本目的。实践证明，我们说过并做过的，两周后我们能记得 90%。而我们听过或看过的，两周后留下来的只有 50%（见表 3.2）。所以，通过实践与互动激发学员的参与度，是提高培训效率的主要方法。

表 3.2　记忆占比与参与度之间关系

两周后我们大概记得什么	实践	涉及本质
我们说过和做过的事记得 90%	1. 实际故事； 2. 模拟实际经验； 3. 做一场引人注目的演讲	主动

续表

两周后我们大概记得什么	实践	涉及本质
我们说过事记得 70%	1. 做正式的演讲； 2. 参与讨论； 3. 当场看到事情完成	被动
我们听过和看过的事记得 50%	1. 观看示范说明； 2. 看展览示范； 3. 看电影	
我们看过的事记得 30%	看图片	
我们听过的事记得 20%	听讲	
我们读过的事记得 10%	阅读	

丰富的课程表现形式：这一部分的重点应该是如何通过 PPT 把课程呈现出来。比如时间顺序、比较关系、空间关系、心智模式等，这些属于高级课程开发范畴，这里不再展开。关于视频、故事、案例、讨论、分享这些环节的设计，培训师要学会借助各种表现形式让课堂变得生动从而帮助学员理解课程的主题和内容。而不在意表现形式的培训师授课，课程往往很枯燥而且培训师讲课累，学员接受度也差。

好玩刺激的活动设计也会激发学员的外在学习动机，尤其是对于年轻学员，他们更希望让培训变得有趣起来。研究结果证明，人在放松的情境下，学习效率更高。

对抗式是培训经理和培训师常用的刺激度设计方式，这包括：

（1）小组 PK 或讨论。

让学员组成的小组间 PK 或分小组讨论都是促进学习效果的对抗设计。

（2）分数排名。

分数排名包括学员个人分数排名和小组分数排名，需要强调的是学员的分数不仅包括上课的表现，还包括其受训前和受训后的作业完成情况。

（3）实战式。

给定学员实战的工作任务，这些工作任务是基于其工作中的需求进行设计的，以激发其完成任务的兴趣。

（4）课前作业。

课前作业是将学习任务前置，触发“思考的力量”的一种方式。目的是帮助学员提前进入学习状态，提升学员的参与感和主动性，让学员带着问题，带着思考走进课堂。

（5）课前考试。

安排培训前考试是增强受训前刺激度、紧张感的一种重要方式，让学员认识到参加培训并不是一次轻松的旅行，身心提前进入到状态。另外可以过滤掉部分“不燃型”学员，让进入名单的学员更加珍惜这来之不易的学习机会。

（6）模拟演练。

模拟演练适用于难度较大、实操性较强的学习内容。模拟演练通常设置在培训课程结束后，目的是在受训后帮助学员强化巩固知识点。其操作方法是将知识点通过情景模拟、角色扮演、沙盘演练、游戏活动、完成任务等方式来考核学员的掌握程度。

注重课程活动的逻辑性与价值：追求形式的前提是建立在课程的价值和逻辑很好的基础上，而不能纯粹为了形式。有些课程形式非常新颖，学员参与度特别好，但是缺乏内容支撑，逻辑又很混乱，课程没有发挥应有价值。

课程的逻辑性一般分为四个步骤：

第一步，设定目标，这里要强调的是达成共识和感召学员。要让利益相关者对这个有形的成果目标达成共识。在授课开始阶段，要将这个目标告知所有学员，让他们意识到这个有形的成果对于他们自己和组织的巨大意义，从而形成感召作用。

第三步，共同愿景。在他们心目中锚定一个明确的目标，通过激发他们的内在动力，承诺要实现这个目标，用形象化的方式展示这个目标给他们带来的期待，用承诺的方式坚定他们实现目标的付出。对于激发学习动机具有强大的愿景号召力。

第三步，阶段性成果。不同成果的实现周期是不一样的，比如《应急处置流程》的开发和培训是一个较长的周期，这需要经历萃取专家经验、提炼方法工具流程、审核、试用、完善等环节。要将学习项目进行阶段性划分，并阶段性对成果进行展示和评估，让学员在逐步靠近目标中建立自信和满足感。

第四步，结果展示与验证。所有的成果要有验收和评估环节，更重要的是展示最终成果以及让学员真正地将成果应用在实际工作中，以此达到成果落地和培训的目的。

第四节 培训与教学测评

一、柯氏四级培训评估模型

柯氏四级培训评估由国际著名学者威斯康辛大学教授唐纳德·L. 柯克帕特里克（Donald L. Kirkpatrick）于 1959 年提出。该模型将培训评估划分为图 3.7 所示的四个层面。这四级之间不是并列的关系，而是层层递进的关系，当从一个级别进入另一个级别时，评估的程序和内容也会变得相对复杂一些。

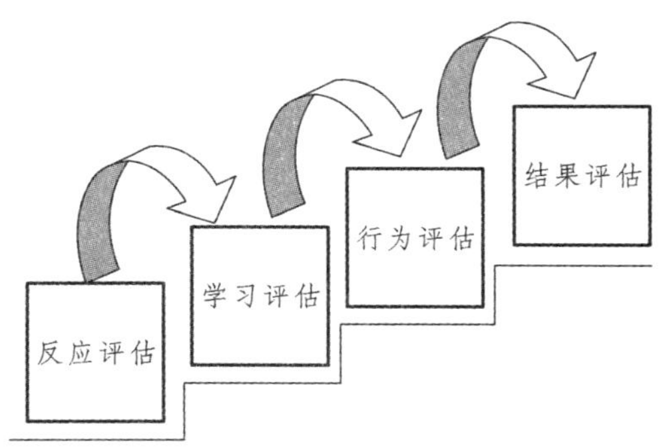

图 3.7 柯氏四级培训评估模型

二、柯氏四级培训评估的内容

柯氏四级培训评估模型各评估级别的主要内容及衡量方法如表 3.3 所示。

表 3.3　柯氏四级培训评估模型各评估级别的主要内容及衡量方法

反应评估	目的：观察学员的反应（对教员、培训项目、教学辅助系统等的反应） 主要方法：问卷调查、评估访谈 评估时间：培训项目结束时
学习评估	目的：检查学员的学习效果、测量学员对知识和技能的掌握程度 主要方法：笔试、技能操练、模拟演练等 评估时间：培训项目结束时
行为评估	目的：衡量学员培训前后的工作表现 主要方法：岗位观察、下属和同事对其培训前后行为变化的评价以及学员主观感受与本人自评 评估时间：培训前、培训结束后的 3～6 个月
结果评估	目的：衡量结果绩效的提升 主要方法：通过员工的绩效指标、差错数量等来衡量 评估时间：培训结束后一段时间，如半年至一年

柯氏四级培训评估模型在增强培训效果和提高论证培训活动的有效性方面具有十分重要的作用，具体表现在如下方面。

（一）决定某些培训课程是否需要继续下去

企业在开展培训的时候可以根据柯氏四级培训评估模型来解决这个问题，具体做法是构建一个矩阵，检验培训课程的内容和培训的目标是否相匹配，已经达到培训目标的课程和那些与培训目标不符的课程终止，而符合培训目标并且目标尚未达成的课程继续下去。

（二）改进和完善培训项目

根据柯氏四级培训评估模型的内容，企业可以通过问卷调查来收集反应层的信息，通过笔试、实际操作或情景模拟、岗位观察的方式来收集学习层的信息，通过上下级以及同事等人对学员行为的观察来收集行为层的信息。根据这些信息，我们可以对该培训项目进行评估，找出存在的问题及其原因，然后有针对性地采取措施以进行改进和完善。

（三）使培训与战略协调一致

只有当培训结果的利益相关者明确了各自的特定需求，并且通过学习和行为的改变满足了他们这些期望的情况下，培训才真正与战略实现协调一致。由于在行为层、效果层评估过程中收集的资料和信息来自行为目标与期望的结果判断，借助这些资料和信息，企业可以判断培训是否与战略存在这种一致性，并采取相关措施来确保二者之间的一致性。

（四）论证培训的价值

借助柯氏四级培训评估模型，企业可以通过问卷调查、行为观察、工作访谈等方式来考察学员在培训结束回到日常工作后的行为改变、技能提高等情况。通过对行为层的评估，来说明培训是怎样引起这些行为改变和能力提升的，而将行为层上的改变与企业绩效的变化结合起来分析就可以说明培训活动是怎样为企业的发展创造价值的。

运用柯氏四级评估模型对培训效果进行衡量时至少需要做好以下三个关键事项：

（1）选择合适的评估方法、技术工具。

（2）合理选择评估时间，柯氏四级培训评估层次不同，评估实施时间也有所不同。

（3）构建完善的岗位胜任能力模型，将 CBTA 的培训与评估有效结合起来，将评估结果及发现的问题进行整合，以问题促进培训，从而使培训达到量体裁衣、对症下药的目的。

三、单元测试及进度测试

在课程设计步骤中，以临时形式起草了与模块结束目标相对应的单元测试。课程设计团队在模块设计期间的活动之一是最终确定这些测试，以便它们做好生产准备。在课程设计中，可能无法包括测试的所有技术细节。

对于实际的方案,课程开发人员可能不得不等到模块的内容被精确定义后，才能够包括这些基于教员演示中给出的例子。如果测试的内容已经细化，课程开发团队可以最终确定学员指导、测试所需的时间，为教员和学员准备答案模板，并开发用于评估学员在测试中的表现的评分要点。

在模块设计步骤中，应为学员准备进度测试，以检查学员是否达到模块中每个教学事件所对应的中期目标。尽管课程设计过程中中期目标中定义的绩效可能表明了要使用的最合适类型的测试项目，但缺乏关于学习顺序和培训材料展示的确切性质的信息,会影响事先制定的测试题或练习题。应采用它来确保进度测试中要求的性能与中期目标中给出的性能相匹配。例如,如果中期目标声明受训者应该能够“解释协同决策系统的运行机制”,那么测试应该制定，以便受训者必须“解释”而不是简单地“描述”。与中期目标中要求的表现所对应的动词必须精心选择。如果绩效是“演示”，那么测试问题显然不能是“定义”。在所有情况下，不应该使用“知道”和“不理解”的动词。

第五节　CBTA 实施注意事项

一、培训目标的确定

根据 ICAO《培训设计指南（基于胜任力的培训方法论）》（Doc 9941），培训目标可以分为四类：任务结束目标（Task Terminal Objective）、模块结束目标（End-of-module Objective）、中期目标（Intermediate Objective）和培训结束后目标（Post-training Objective）。任务结束目标是指员工在一定条件和标准要求下完成一项任务后应取得的绩效。模块结束目标是指受训人员在完成某个训练模块后应能完成的绩效。中期目标是由每一个子任务实现的，正是每一个中期目标的实现确保了最终模块结束目标的实现。培训教员通过对中期目标的结构分析，确定通过培训受训人员应获得的知识（Knowledge）、技能（Skill）和素养（Attitude）。培训结束后目标是指受训人员完成培训后能够在实际工作中完成的绩效。除了中期目标，其余三个目标都应该包括三个因素：绩效（performance）、条件（condition）和标准（standard）。在培训前能够准确设置培训目标是确保整个培训成功的基石，课程开发人员应在设计课程内容前确定培训目标。

基于能力的训练与评估（CBTA）应基于运行控制中具有代表性的实际任务。不切实际的任务会降低受训人员目标能力的有效性并且影响飞行签派员实施运行风险管理的质量。无关任务会降低教员和学员的积极性并且可能对其实际运行产生不利的影响。培训结果风险应通过一系列措施加以控制，例如：列出明确的培训标准、对培训需求分析过程进行严格监督，定义能力目标并且选择充足的培训方法和资源（教员、资料和设备）。能力目标和培训要求应由运营人和培训机构沟通讨论后确定。

在培训实施阶段，培训教员应基于培训中期目标（即培训应帮助受训人员获得的知识、技能和素养）来选择教学和考察方式。布鲁姆学习分类法（Bloom's Taxonomy）将学习层次分为六层，从低到高依次为记忆、理解、应用、分析、评价和创造。层次越低越基本，层次越高越复杂。掌握知识属于前两个学习层级，即记忆和理解；而对技能的掌握则属于第三个学习层级及以上层级。前两个学习层级对应的教学方法包括讲授、提问、讨论；第三个学习层级及以上层级对应的教学方法则存在显著不同，包括演示、演练、案例分析、角色扮演、团队项目等。基于胜任力的训练与评估包括知识和技能的培养，因此在做课程设计和实施培训时，应充分考虑学员应达到的学习层级并确定相应教学和考察方式。

二、进入培训的最低能力水平要求

在培训阶段开始时没有确定学员最低能力水平的培训是无效的。入门级测试能帮助教员了解每位学生的初始水平。

运行控制的所有任务都要求具备在一定的规定时间内准确分析和解决问题的能力。工作规范应明确规定在培训开始前必须具备的技能和素养。常规能力不足的候选人不予录取。缺乏较好的心理素质，学生可能无法在培训期间规定时间内以及运控工作中培养出适当的能力。在这种情况下，可以在培训开始之前通知候选人需要参加预备课程或特定补充学习要求。

入门级测试必须涉及以下相关方面的基本知识和技能：

（1）通识教育背景和能力；

（2）抽象和分析性思维；

（3）空间和逻辑推理；

（4）数学和物理；

（5）英语水平（其他语言，如适用），最好是 ICAO 4 级；

（6）沟通技巧；

（7）一般动机和态度。

测试结果包括以下：

（1）FOO 培训课程录取；

（2）接受适当的补习课程并再次接受入门级测试；

（3）FOO 培训课程不予录取。

对具有足够工作经验的预获资质学生（例如航空公司运行人员或飞行员）的初始能力评估可以更多地强调与 FOO 相关的目标能力。经过批准的培训机构可以提供更快捷的个人培训时间表，但这不能用于评估。由于入门级别不同和个人培训时间表的灵活性，培训和评估过程以及将其记录在案的方式变得更加重要。

CBTA 允许个人支持方式，即根据学员在整个课程中的能力评估来确定并应用正确的培训方法。每个模块完成后，培训机构将对学员进行能力评估。如果满足能力目标，培训机构会批准学员进入下一个模块。在培训机构进行评估之前，学生应适当地复习每个培训模块。

三、任务和材料标准

根据航空培训机构（Aviation Training Organization，ATO）培训手册和组织管理手册（如适用），FOO 基本培训所需的材料将按照既定和记录在案的程序进行存储与分发。任何材料必须有相关性、实际且适合预期的能力级别。ATO 与航空器运营人的合作将促进信息交流，以更新培训任务和要使用的材料。

如果航空器运营人提供内部基本 FOO 培训，则一个好的解决方案是将运营人和角色相关的培训要素整合到培训中。在这种情况下，可以使用特定角色（如飞行签派员）的 IT 应用程序。在基础培训期间，应保持对分析组件的关注。如果一个接口（如飞行计划工具）提供广泛的相关或不相关的数据和信息，那么这一重要的基本能力开发就变得更加困难。

如果独立的培训组织提供基本 FOO 培训,则计划在基本 FOO 培训期间使用复杂的应用程序是不现实的。独立培训组织应评估基础级别应用程序的选项，如 1 级 EFB。但是，独立的 ATO 组织应通过定期和结构化流程组织实际任务、培训标准、有效标准程序、路线文档、数据和其他信息的传输。此更新流程的责任应在组织管理手册中加以说明。

培训材料应包括根据培训需求分析结果确定的相关手册，这些手册应由运营人的培训协调员提供,并由培训机构的培训协调员进行监控和检查。此类文档应包括但不限于：

（1）飞行运行手册（FOM、OM-A）；

（2）相关类型的飞机运行手册（AOM、OM-B）；

（3）航线文件（OM-C、图表和航空数据），例如选定的机场、编码和缩写、航线描述和图表；

（4）培训手册（OM-D），包括 FOO 培训和评估要求；

（5）客户数据，例如城市对、标准直接运营成本、AOC 批准、乘客和航空器处理标准、延误标准成本、产品信息；

（6）目标群体的定义、职能和任务；

（7）每个目标群体选择或定义能力行为标记；

（8）明显的运行标准，例如不正常情况、事故征候和事故；

（9）根据标准能力框架或地区或国家要求制定具体的目标能力标准；

（10）评估标准和未通过政策的协议。

每个学员在培训开始前应收到以下文档和数据：

（1）ATO 培训手册的副本；

（2）培训阶段和模块的说明；

（3）课程时间表；

（4）培训记录，包括所有检查表；

（5）培训所需的文件、手册、数据和信息；

（6）培训标准和未通过政策；

（7）材料、练习、基于网络的培训和其他数据的获取途径，例如通过在线 LMS；

（8）联系信息：电子邮件地址和/或教员、行政部门和帮助中心的电话号码（如适用）；

（9）技术标准和通信平台简介（如适用）；

（10）教员响应时间的标准和规则；

（11）学生反馈的标准和规则。

四、学员选拔和整合

运行控制相关经验或类似领域（飞行员、管制员或飞行运行相关支持人员等）的资质可为学员在参加入门级测试时加分。因为很难将传统培训课程（例如飞行员）的结果转入 FOO 能力目标，所以为避免误解，所有通过资质预审的申请人都应在 FOO 培训期间通过所有评估。培训活动的数量取决于初步能力评估的建议。为了保证能力发展可控，即使培训活动减少，评估的数量也应保持不变。应根据评估期间确定的能力差距确定其他培训要求。ATO 应相应调整个人培训和评估计划。在任何情况下，培训组织都有责任配置最低数量培训活动以确保规定的 FOO 能力目标。

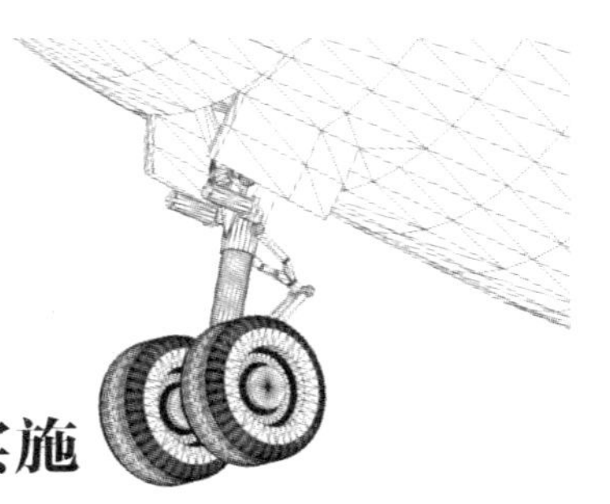

第四章 CBTA 评估与实施

随着民航系统的日益发展和复杂化，航空人员需要通过培训从而具有适应日常挑战和长期变化的灵活性与适应性。胜任力是人类绩效评估的一个维度，用于可靠地预测工作的成功表现，通过调动相关知识、技能和态度在指定条件下进行活动或任务的行为来表现和观察的能力。本章主要通过对绩效标准和可观测行为的评估，实现 CBTA 的有效实施。

第一节 评估模型概述

一、柯氏四级评估模型

根据柯克帕特里克模型，培训效果的评估可以划分为四个层面，分别为反应评估、学习评估、行为评估和结果评估（见图 4.1）。这四级之间不是一种并列的关系，而是层层递进的关系，当从一个级别进入另一个级别时，评估的程序和内容会变得相对复杂。

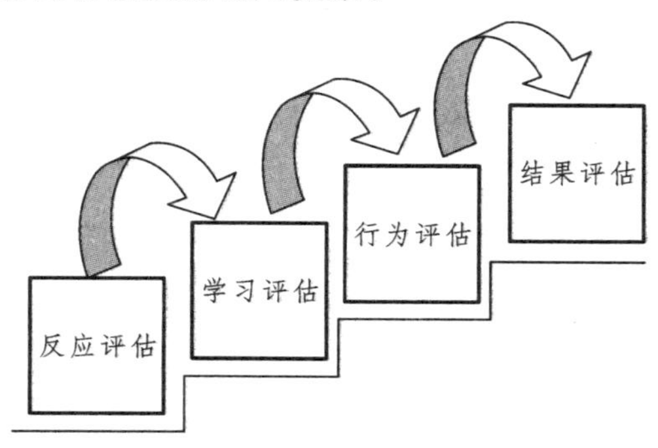

图 4.1 柯氏四级评估模型

（一）反应评估

反应评估要解决的问题是，受训学员对培训计划有何反应，准备如何使用培训资料。企业培训部应在培训结束时进行评估。反应层面的评估内容、实施方法、优劣势以及改进策略如表 4.1 所示。

表 4.1 反应层面评估

评估内容	实施方法	优势	劣势	改进策略
主要是总体的印象，对培训内容、教员、教学方法、材料、设施、场地、报名程序等的评价	问卷调查、小组座谈；常运用四分法（极好、好、一般、差）、五分法（极好、很好、好、一般、差）进行衡量	容易开展，是最基础、最普遍的评估方式	会出现以偏概全、主观性强、不够理智的现象	强调评价的目的，要求大家配合；将课程评价与教员评价分开；结合使用问卷、面谈、座谈等方式；学员自我评估

（二）学习评估

学习评估要解决的问题是，受训学员的哪些知识、技能、态度发生了转变，转变的程度如何。一般由企业培训部在培训进行时或培训结束时进行评估。学习层面的评估内容、实施方法、优劣势以及改进策略如表 4.2 所示。

表 4.2 学习层面评估

评估内容	实施方法	优势	劣势	改进策略
学员掌握了多少知识和技能，例如学员吸收或者记住了多少课程内容；是最常见、最常用的一种评价方式	在反应层基础上，要求运用所学的知识解答试题；进行现场操作；对于专业性岗位课程，要求学员提出改善方案并执行	对学员有压力，使他们更认真地学习；对教员施加压力，使他们更负责、更精心地准备培训课程和培训内容	压力大，可能使报名不太踊跃；评估之前可能会让学员知晓一些事情	针对不同的培训课程采用不同的评估方法

（三）行为评估

行为评估要解决的问题是，受训学员是否将所学的内容应用到实际工作中。一般由受训学员的直接上级主管在培训结束三个月或半年后进行评估。行为层面的评估内容、实施方法、优劣势以及改进策略如表 4.3 所示。

表 4.3　行为层面评估

评估内容	实施方法	优势	劣势	改进策略
培训后的跟进过程，学员培训后工作行为和在职表现方面的变化	观察主管、同事、下属、客户评价和学员自我评价，这些评价需要借助一些评估表	可以直接反映培训课程的效果；使高层领导看到培训效果，支持培训；教员可以获得学员的支持	耗费时间和精力；问卷比较难设计；需要占用相关人员较多的时间，不容易得到配合；员工行为易受其他因素的影响	选择适合进行行为层评估的课程；选择合适的评价时间；充分利用专业教员和咨询公司的力量

（四）结果评估

结果评估要解决的问题是，受训学员在工作中的应用是否产生了可以衡量的成绩。一般由企业培训部在培训结束一年或两年后对员工以及企业的绩效进行评估。结果层面的评估内容、实施方法、优劣势以及改进策略如表 4.4 所示。

表 4.4　结果层面评估

评估内容	实施方法	优势	劣势	改进策略
上述三级变化对企业发展带来的可见的、积极的作用；培训是否对企业的经营结果产生了直接的影响，如次品率下降在多大程度上归功于操作技能的培训	通过一些企业组织指标来衡量，如事故率、次品率、生产率、员工流动率以及客户投诉率	详细的、令人信服的调查数据，打消高层主管对培训的疑虑，把有限的培训费用投入到能为企业创造最大效益的课程上来	需要时间，在短期内很难得出结果；对这个层面的评估，缺乏必要的技术和经验；简单的对比数字意义不大	必须取得管理层的合作，拿到培训以前的相关数字；分辨哪些结果与要评估的课程有关系，并分析在多大程度上有关系

二、CIRO 评估模型

CIRO 评估模型由该模型中四个评估阶段的英文首字母组成，即背景评估(Context Evaluation)、输入评估(Input Evaluation)、反应评估(Reaction Evaluation)、输出评估 (Output Evaluation)。该模型属于过程性评估模型，其模型说明如表 4.5 所示。

表 4.5　CIRO 评估模型

阶段评估	阶段评估任务	阶段评估任务说明
背景评估	确定培训的必要性	1.收集和分析有关人力资源开发的信息； 2.分析和确定培训需求与培训目标
输入评估	确定培训的可能性	1.收集和汇总有价值的培训资源信息； 2.评估和选择培训资源——对可利用的培训进行利弊分析； 3.确定人力资源培训的实施战略与方法
反应评估	提高培训的有效性	1.收集和分析受训学员的反馈意见； 2.改进企业培训的运作流程
输出评估	检验培训的结果	1.收集和分析与培训结果相关的信息； 2.评价与确定培训的结果，即对照培训目录来检验、评定培训结果是否真正有效或有用

三、CIPP 评估模型

CIPP（ Context-Input-Process-Produce ）评估模型，可译为“背景—输入—过程—成果”评估模型。该模型不仅弥补了 CIRO 的不足，也完善了柯氏四级培训评估模型，其中最关键的是将评估活动切入整个培训过程的核心环节——执行培训环节。

CIPP 评估模型是将培训项目本身作为一个对象进行分析，它强调评价在各个阶段的应用，目的就是及时发现问题并进行改善。该模型也属于过程性评估模型，其模型说明如表 4.6 所示。

表 4.6　CIPP 评估模型

阶段评估	阶段评估说明
背景评估	该阶段的主要是确定培训需求以及设定培训目标，集体包括了解相关环节，分析培训需求，鉴别培训机会，制定培训目标等
输入评估	该阶段评估的主要任务是评估培训资源和培训项目，具体包括收集培训资源信息、培训资源、评估项目规划是否有效地利用了资源、是否能够达到预期目标以及是否需要外部资源的帮助等
过程评估	该阶段评估主要是通过评估，为实施培训项目的人员提供反馈信息，以使他们能在后续的培训过程中进行改进和完善
成果评估	该阶段评估主要是对培训是否达到预期目标进行评估，具体包括学员的满意度，知识和技能的增加，行为的改善以及个人和组织绩效的提高等

CIPP 评估模型具有全程性、过程性以及反馈性三大显著特点，如图 4.2 所示。

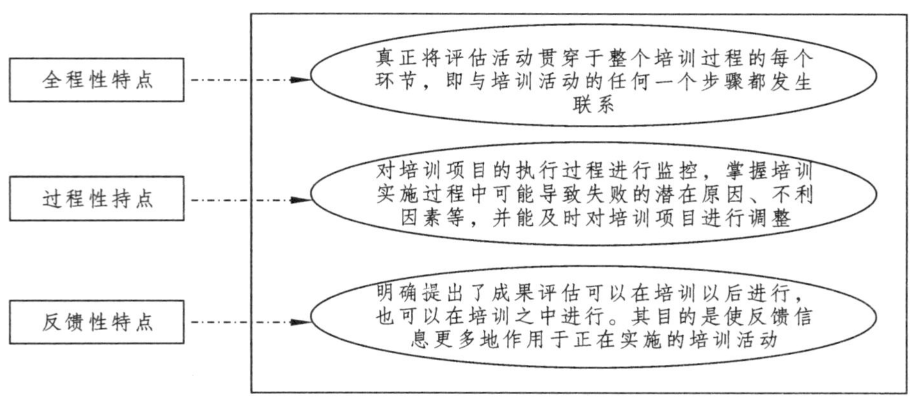

图 4.2　CIPP 评估模型的特点

四、投资回报率评估模型

投资回报率评估模型在柯氏四级评估模型上加入了第五个层次：投资回报率，形成了一个五级投资回报率模型。第五层次评估的重点是将培训所带来的收益与成本进行对比，来测算有关投资回报率的指标。专门针对培训项目的投资回报率模型设计如图 4.3 所示。

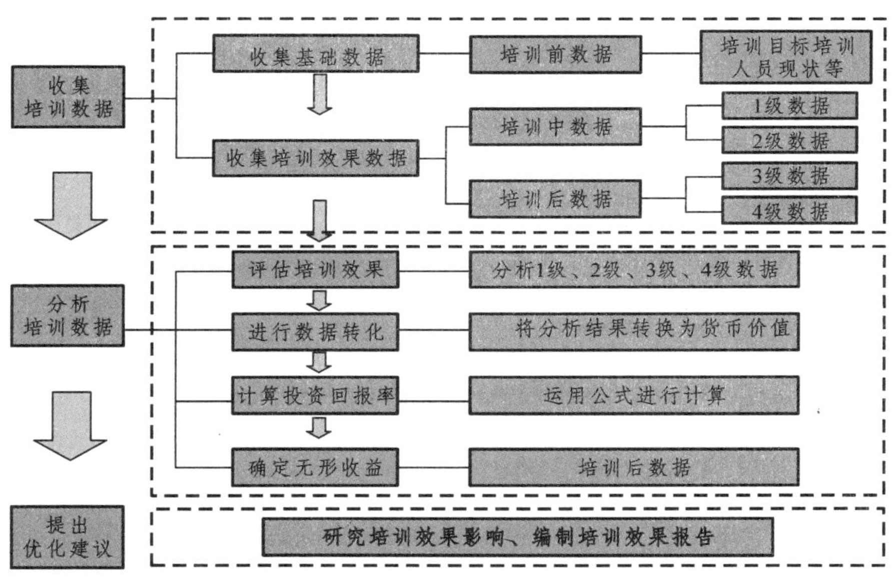

图 4.3　投资回报率模型

培训的投资回报率是最常见的定量分析法。这里涉及两个公式：

$$培训收益=（E_2-E_1）\times N\times T-C \quad （1）$$

其中，E_2（E_1）表示培训后（前）每个学员的年效益；N 表示参加培训的总人数；T 表示培训效益可持续的年限；C 表示培训成本。

$$投资回报率（ROI）=（培训收益/培训成本）\times 100\% \quad （2）$$

若计算出来的 ROI 小于 1，表明培训收益小于培训成本，说明此次培训没有收到预期的效果，或企业存在的问题不是培训所能解决的。

该方法实施的前提条件是学员的年效益可量化，对于那些年效益无法量化的培训，这种方法就很难操作了。

五、层次培训评估模型

考夫曼扩展了柯氏四级评估模型，他认为培训能否成功，培训前的各种资源的获得是至关重要的，因而他在模型中加上了对资源获得可能性的评估，并将其放在模型的第一个层次上。

考夫曼还认为，培训所产生的效果不应该仅仅对本企业有益，它最终会作用于企业所处的环境，从而给企业带来效益，因而他又加上了一个层次，即评估社会和客户的反应，从而形成了五个层次。考夫曼的五层次评估模型具体如表 4.7 所示。

表 4.7　考夫曼五层次评估模型

<table>
<tr><th colspan="2">评估层次</th><th>评价内容</th></tr>
<tr><td rowspan="2">1</td><td rowspan="2">可能性和
反应评估</td><td>可能性因素说明的是针对确保培训成功所必需的各种资源的有效性、可用性、质量等问题</td></tr>
<tr><td>反应因素旨在说明方法,手段和程序的接受情况和效用情况</td></tr>
<tr><td>2</td><td>掌握评估</td><td>用来评估学员的掌握能力情况</td></tr>
<tr><td>3</td><td>应用评估</td><td>评估学员在接受培训项目之后，其在工作中知识、技能的应用情况</td></tr>
<tr><td>4</td><td>企业效益评估</td><td>评估培训项目对企业的贡献和报偿情况</td></tr>
<tr><td>5</td><td>社会效益产出</td><td>评估社会和客户的反馈等情况</td></tr>
</table>

第二节　基于能力的评估实施

传统的基于知识和基于任务的训练一般侧重于孤立知识或任务绩效要素。在基于能力的方法中，目标是将知识及其应用尽可能多地放在有意义的环境或者真实的工作或角色相关的活动中。基于能力的方法中，第一阶段的练习应遵循这一概念，以便学员为第二阶段的任务以及相关练习做好准备。基础知识可以通过简短的解释、自学、自我评估和在基础水平上应用这些知识所需要的技能来传授。即使在这个阶段，为了获得更有价值的能力发展，也应该避免对多项选择题进行有弹性的知识和技能评估。因为这个目标是专注于有意义的学习和理解，而多项选择或客观形式的测试可能侧重于应试策略的教学。基于能力的评估流程如图 4.4 所示。

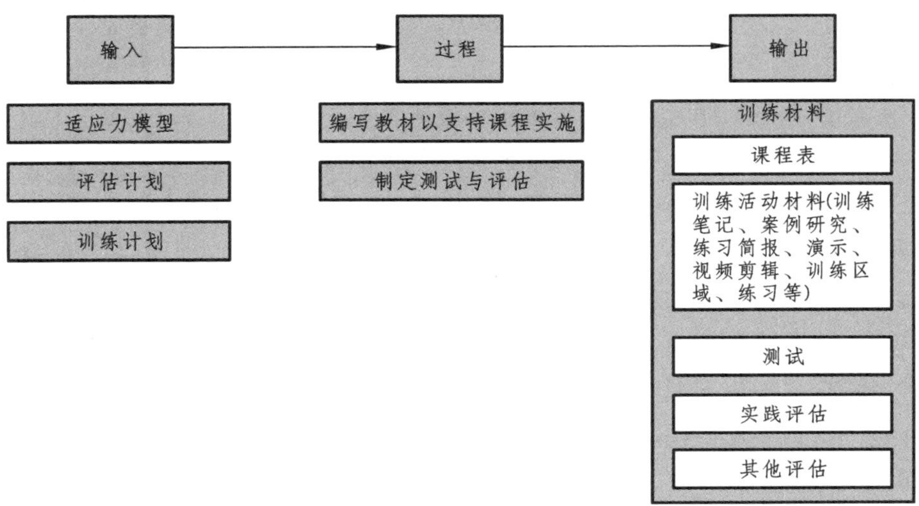

图 4.4　制定基于能力的评估流程

一、培训第一阶段的评估

在培训第一阶段，使用学习目标来衡量知识、技能和态度。学习目标的要求是获取知识，但是对话导向型的评估有助于更好地理解技术应用环境，在评估信息和结果的同时还可以评估技能和态度，例如沟通和解决问题的态度。考试中应避免采用单项选择题的方式，因为其不足以进行能力评估。采用对话的方式目的是让学生相互交流和互动。在这种互动中，可以评估软技能导向型的可观察行为。

【示例 1】

基本条件是每个培训模块评估一次，包括 1 名评委和 2~3 名学生。下面的示例是让学生准备问题，然后向其他同学展示这些问题。

（1）以学习目标形式向学生介绍评估概念和技术知识水平，不应临时增加额外或隐藏的能力要求。

（2）每次评估的准备工作已经是培训过程的一部分。

（3）每个学生应准备问题、示例和包括答案在内的案例研究。将根据结构、演示、背景和指导材料的准备情况进行评分。准备的质量是个人态度的指标之一。

（4）回答问题所需的技术、知识和技能水平应根据学习目标定义。

（5）每个学生都应该依次承担提问和回答的不同角色。

（6）评分应基于在此问答环节中沟通和互动的质量。应分别为每一位学员评分。

（7）最简单的元素是直接来自学习目标的问题。

（8）将根据问题的质量、所使用的元素（参见上文）、演示的形式以及评估学生给出答案的质量的能力，对提出该问题的学生进行评分。

（9）对学生回答的评分是基于他们对提供的信息进行提取、研究并充分提出正确解决方案的能力。

（10）评委应在已发布的学习目标的框架下提出自己的问题，并交叉检查演示结果或其他子章节的学习目标的结果。

（11）对话导向型评估的持续时间，每组不应少于 90 分钟。

【示例 2】

在一个小案例分析中，由学生设计的案例故事线及其质量提升会提高他们的评估分数，案例故事线的元素包括：

（1）要求提出解决方案；

（2）将特定结果应用到其他情景；

（3）发起关于利弊的讨论；

（4）向同小组学员提供质量良好及条理清晰的反馈意见。

二、培训第二阶段的评估

根据培训模块和适应能力模型选择适当数量和可观察到的行为标记，选择练习会考虑相关任务。每项练习都符合任务的要求并能够在培训和评估期间展示可观察到的行为。能力包括上述条件和标准，这些条件和标准应适合该培训阶段。评估时使用的练习与任务的概念、方法和复杂程度，应反映培训期间所出现的练习和任务。这些练习和任务还应与现实的飞行运行人员职责相等。此定义以外的评估方法通常不可接受。选择题的测试形式不是可接受的能力评估方法，不得使用。与在培训期间从未使用过的抽象测试准备相比，学员在准备对话导向型的评估时会更加努力。

【示例 3】

表 4.8 提供了飞行运行员任务清单的摘要，该练习可以整合以下几个方面：在目的地和周边备降场天气恶劣的情况下，学员需要确定合适机场。根据应用培训阶段一学到的机场认证要求，应检查 AD 参考代码、机场核心数据及其进近程序："准确性、循环冗余检查、数据质量、航空数据完整性、灯光故障、照明系统可靠性"。鉴于基础设施的可用性和实际运行结果，NOTAMS 样例的使用可以提供由学生处理的数据冲突。天气预报应根据培训期间使用的标准程序进行解码和应用。评估团队就合适机场做出决定（包括讨论所有利弊）后，可以评估与运营人相关的 NOTAM 和数据处理流程的要求。学员应描述影响 OCC 团队、飞行机组、提供者、运行工程等的不完整或不正确的数据流或数据处理而造成的实际风险。用于提供数据、程序和信息的格式或工具应独立于运营人相关的特定程序、工具和接口。提供方式应当尽可能简单，因为在培训第二阶段，重点必须放在确定相关信息、飞行运行人员提出正确问题的能力以及根据国家或地区标准和规定的标准程序应用数据上。

表 4.8　飞行运行人员任务清单摘要

NOTAMS （助航设施、机场设施）	提取与运用相关的所有机场（起飞机场、目的机场、航路备降场和目的地降场）的 NOTAMS
	评估 NOTAMS，假如助航设施+程序、适当的跑道、处置设施、AD 开放时间并评估适用性的潜在风险
MET、STM 和 AIP 标准、政府、数据和 SOPs 带来的后果和实际风险相关的假设延误带来的潜在风险	假设机场设施（跑道、滑行道、停机坪）的状况不符合公布的 AIP 和 NOTAMS
	确定适当的数据收集和分析方法

三、评估记录

为了选择和实施适当的练习来提升评估能力，教员应了解每个学员的能力水平。这很重要，因为在进程导向型的培训中，学生可能会与多位教员互动。先前的教员应记录每名学员已完成练习的情况，并附有详细的评估结果、评价和建议。此信息应通过纸质文档或某种形式的电子记录保存方法（例如基于网络的学习管理系统）提供给所有后续的教员和培训协调员（或管理员）。

在远程互动和自学课程中，应根据学生个人能力发展情况进行评估。如培训和评估标准所述，评估目的是确定能力差距以支撑培训过程。每个培训模块应单独评估。表 4.9 提供了详细的能力测试检查样表，主要用于：确定评估的培训模块;选择并标记评估期间要评估的可观察到的行为项目；确定评估期间使用的任务、子任务或练习。

表 4.9　能力测试检查样表

学生姓名：　　　　评估人员姓名：　　　　日期/时间：　　　　ATO：

胜任力	定义	可观察行为	通过 是/否	评估所选任务或练习
程序以及规章的应用能力	识别、应用操作指引和现行规章所规定的程序的能力	● 恰当解释 SOP，并按需利用其灵活性。 ● 及时识别并遵守所有操作指引。 ● 服从规章和程序		
技术专长	技术知识和技能的应用与提高	● 检索适用的数据和操作程序。 ● 正确解释给定上下文的可应用程序的意图。 ● 考虑影响因素，使用准确和适当的运行信息（气象、机场、机组人员、飞机、网络、通用）在运行控制中做出最佳决策。 ● 使用标准和非标准的信息分发系统和来源。持续跟进最新的专业技术知识和技能		
过程改进	有助于系统持续改善	● 持续地提供有关如何执行程序的适当指导。分析证据以找出进行过程改进的机会。 ● 提出过程改进，以供管理层批准/采纳。 ● 为提出的改进内容提供适当的理由。 ● 判断特定技术领域的应用发展趋势，并预测变革		

续表

胜任力	定义	可观察行为	通过是/否	评估所选任务或练习
沟通	在正常或非正常情况下，用恰当方式完成沟通	● 确保信息接受者有能力并准备好接收信息。 ● 选择恰当的沟通内容、沟通时间、沟通方式和沟通对象。 ● 清晰、准确、简洁地传递信息。 ● 清晰、简洁地回答技术问题。 ● 确认信息接受者正确理解重要信息。 ● 接受信息时积极听取并证实理解。 ● 提出相关且有意义的问题。 ● 通话中落实标准用语和标准流程。 ● 正确解读公司文件和飞行文件。 ● 准确理解和回应英语交流		
情景意识	感知、理解全部相关可用信息，预见影响运行的事件	● 识别并评估复杂运行环境引发的风险与后果。 ● 评估现有资源（设施、信息系统、人员）并根据其变化，对运行做出相应调整。 ● 识别并评估运行状况（飞机状态、天气状况、		

续表

胜任力	定义	可观察行为	通过 是/否	评估所选任务或练习
		NOTAMS、劳工运动：罢工、安保状况等） ● 实时监控运行状况，预见并解决紧急事件。 ● 预先对可识别的威胁或风险提出有效的预案。 ● 识别并管理运行风险		
工作负荷管理	高效管理可获取资源，各种工作情形下均能划分任务优先级而且及时完成	● 高效管理任务计划，将任务划分优先级，并规划完成时限。 ● 完成工作任务时，能够实现高效的时间管理。 ● 各种工作情形下均能保持自律。 ● 按需提供、接受帮助，按需委托授权或接受他人的委托授权。 ● 预见并识别超负荷状态并尽早寻求帮助		
解决问题以及决策能力	准确识别风险并解决问题。使用适当决策技术	● 区分运行情况分析所需的无关和相关数据。 ● 应用正确的信息、关系、系数。 ● 在遇到冲突、意外或不完整的信息时作出适当的决策。 ● 使决策适应于可用时间。 ● 考虑到安全、成本和		

续表

胜任力	定义	可观察行为	通过是/否	评估所选任务或练习
		运行稳定的评估选项。 ● 通过选项工作并定义限制截止日期。 ● 使用适当的决策过程和工具。 ● 评估自己的决策以提高绩效		
领导力和团队协作	与组织内上级、下级协作，促成清晰愿景和共同目标的实现。激励他人达成目标和正面结果	● 管理职业关系，梳理职责边界。 ● 获得他人信任，给予他人信心。 ● 鼓励合作，追求卓越。 ● 通过积极方式定位并解决冲突和分歧。 ● 承认错误，承担责任。 ● 识别他人的需求，并提供相关信息和解决方案。 ● 提供、寻求积极有效的反馈		

四、课程评估

在培训期结束时，将收集学员、教员、评估员和用人单位对在职绩效的反馈，以确定该课程在职业能力提升过程中的有效性。对培训和评估计划的评估应基于有效和可靠的证据。该评估可能会有助于课程的更改或改进。课程评估流程（见图 4.5）应纳入标准化流程，将以前课程的结果、学生的反馈意见、教员的反馈意见以及任何审计的报告（如有）用于完善课程并改善所需的结果。

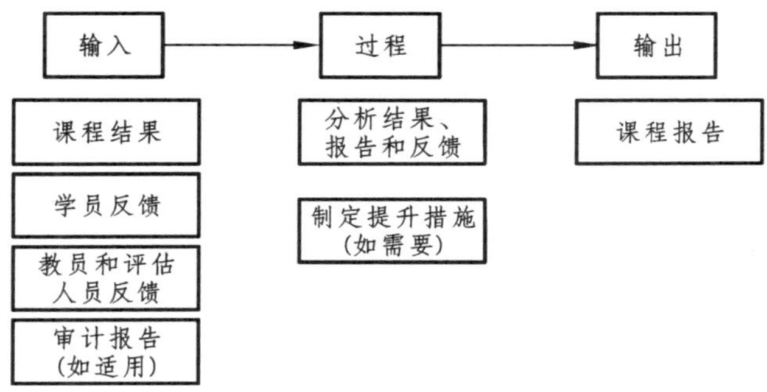

图 4.5　课程评估流程

在审查课程时，应考虑到以下几点：

（1）选择和整合任务，学习目标和运行标准；

（2）选择入门水平测试的标准；

（3）培训和评估计划标准以及将任务转移到练习中；

（4）通讯和文件标准；

（5）材料，基础设施和设备标准；

（6）教员标准和资质；

（7）学生评分和纠正措施；

（8）安全问题和缓解措施，不安全事件报告评估；

（9）违规报告，不遵守规则和法规，评估缓解措施。

培训流程应缩小培训目标与负责运行控制的 OCC 人员所需能力之间的能力差距。定期使用结构化流程评估实际个人能力水平将是有利的。能力评估和差距分析的要求包括：

（1）实施非惩罚性政策；

（2）评估的是特定 OCC 目标群体的平均能力，而不是 OCC 团队的单个成员；

（3）应根据相同或至少相似的 CBTA 流程选择评估人员并对其进行标准化；

（4）应选择 OCC 中能够公正地进行监控和分析而不受情感影响的典型人物，而不是表现最佳的个人进行评估；

（5）在鉴定和标准化过程中应采用非惩罚性测量和报告的附加标准；

（6）评估人员必须获得大多数参与人员和被观察的人员的认可；

（7）评估人员应对个人结果严格保密；

（8）应根据对 OCC 职位或所观察角色的要求选择评估方法，评估应包括对特定行为标记的观察以及过程处理和技术结果；

（9）应确定从关键绩效指标得出的技术结果，例如信息调查的数量，信息流的质量和密度，情景意识，决策速度，偏离标准操作程序等；

（10）向 OCC 工作人员公开有关非惩罚性能力差距分析的目标、优势和风险的信息。

根据以上示例，可以为后续（循环）培训计划定义任务和可观察到的行为标记，然后可由一组教员进行相应的开发练习。教员应只被告知相关的培训目标，而不是被告知将要求进行这些练习的人员（符合对非惩罚性环境的需求）。定期进行这样的评估，可以获得 OCC 团队能力状况的概述，并且可以影响与基础和复训相关的任务描述和选择以及可观察行为的标记。

五、培训项目评估

培训项目评估是培训加上课程开发过程的最后阶段，其目的是：通过确定所有的绩效目标是否已达到所需的能力水平来评估培训的有效性；诊断满足性能目标的任何故障，如果存在故障，则确定其原因；根据需要修改培训材料。通过在课程开发方法的前一步中进行的发展测试，应该验证了单元测试的效度和信度。这应该可以保证课程开发者的单元测试能够准确衡量学员是否能够完成模块所规定的能力水平。总而言之，在进入课程时，应检查学员获得的 K/S/As；当至少 80%的学员达到至少 80%的模块结束目标（通过该模块的单元测试）时，一个模块被认为是有效的；当 80%的模块满足验证标准时，该课程被认为是有效的。

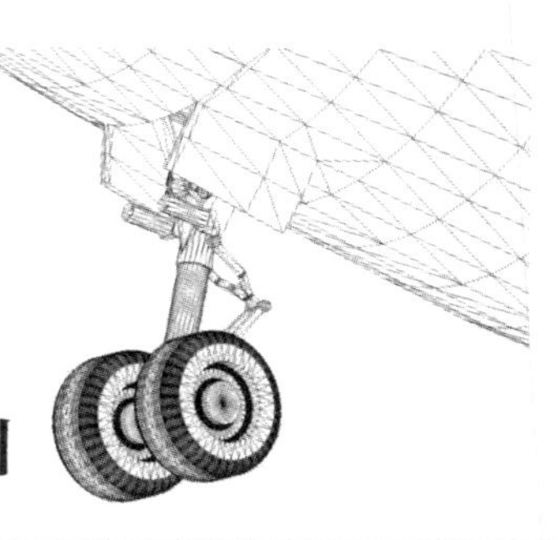

第五章　教员能力要求与培训

德国对教员的素质培养机制比较完善。一是教育科学视角下的教员教育标准，早在 2004 年由德国各州文教部长联席会议确定，聚焦于作为教员这一角色的一般标准，重在培养教员的教育、教学、创新与评价能力。二是专业科学（含专业教学论）视角下的教员教育标准，该标准是 2013 年在考虑各专业教员的专业特殊要求的基础上制定的，旨在突出各个专业领域职教教员教育的专业性、学术性与职业性。因此，两个视角下的教员教育标准各有侧重又相互融合，共同引导着德国职教教员“双师素质”的培养。

飞行运行教员既要具备专业领域的理论与实践能力，又要具备教育领域的理论与实践能力，在教学和育人的过程中，能够把专业理论与职业实践相结合、职业教育理论与教育实践相结合，遵循技术技能人才成长规律，提升教员专业化水平。

第一节　教员要求

一、CBTA 教员标准

教员的选拔、资质和标准化协议须根据培训手册或组织管理手册中描述的 ATO 培训标准进行规定。需要根据能力框架针对具有运行控制经验且能力强的可胜任工作的教员。

FOO/FD CBTA 开展过程中，教员必须满足以下常规要求：

（1）具备充足的运行控制任务相关知识、技能和态度；

（2）将运行情境和经验提取为任务与练习；

（3）将任务和先决条件学习目标融入学习概念；

（4）将任务和子任务在更广的语境中结合，例如案例分析；

（5）确定案例研究的目标以及任务、子任务的优先级和顺序；

（6）使用不同的工具（数字平台、软件、规章、SOPs、数据）为任务和案例分析设计材料；

（7）为每个学员确定正确的培训方式（基于能力差距）。

（8）评估学员的表现；

（9）根据能力差距为每个学员确定正确的培训方法；

（10）提供适当的反馈表；

（11）训练期间的自我评估；

（12）提升自己的知识和技能的适当态度与动机；

（13）认识并理解教员、学员和其他利益相关者的角色与责任；

（14）处理教员和学员之间以及学员群体内的冲突；

（15）在确定运行任务优先次序、时间管理、解决问题和决策的方面的经验；

（16）根据不同的运营人特定标准和规章使用不同的培训方法。

在飞行签派资源管理（DRM）实施过程中，在人员表现和限制（HPL）方面，教员应达到如下要求：

（1）制定沟通标准；

（2）管理冲突；

（3）应用 HPL/DRM 概念；

（4）利用团队协同作用；

（5）引领以差错管理为重点的培训；

（6）引领以决策为重点的培训；

（7）规定 HPL/DRM 概念的要求；

（8）识别和应用人的因素理论；

（9）演示与人的因素相关的培训需求分析；

（10）确定适当的能力行为标志以发展与人的因素有关的能力；

（11）创建练习以满足与人的因素相关的培训要求；

（12）向 DRM 教员转达并解释概念；

（13）文化差异。

为了应对跨文化问题，CBTA 教员还必须了解培训过程中的相关风险驱动因素，包括：了解潜在冲突的文化因素和背景、通过充分的沟通确认冲突原因、确定合适的练习难度、将经核实的问题转化为解决办法并最终能够采取实施行动。

二、CBTA 教员选拔程序

下面给出针对 FOO/FD CBTA 教员开展课程培训选拔流程的一个示例，分为五个环节开展。

（一）递交简历和申请书

航空培训机构（ATO）对简历进行评估与审查。

（二）电话面试

在这一阶段，应从个人能力、灵活性、资质发展和合作相关方面来讨论教员要求与 CBTA 概念。

（三）个人单独面试

通过电话面试后，应通过完成任务和案例分析来检查 FOO 知识和技能。目的是检查应聘者如何熟练地处理给定的问题和测试。

（四）情景再现测试

ATO 管理的培训情境要求应聘者准备并进行简短的培训演示，内容涉及学生的动机、课程目标的解释、学生的参与度和能力评估。ATO 应解释建议策略的条件，包括材料、使用的多媒体、时间范围、目标组的条件和持续时间。

在该环节中，ATO 应认识到应聘者擅为的领域都是有限的。应聘者应确定发展领域，并考虑弥补任何能力差距的方法。应聘者应自发地证明其具备根据任何给定的案例分析解释案例情况的能力。

（五）授课考核

通过简短的讲课，应聘者应以培训第二阶段的练习的形式演示一项任务。持续时间为30~60分钟。这项练习包括一般课程目标、情况简报、问题说明、问题或目标、提供数据以及处理这项任务所需的标准操作程序（SOP）和政策。评委应扮演学员的角色，评估所选培训方法的效果、沟通、互动水平。应聘者可以为其任务选择任何培训方法，演示包括以下方面：

（1）学生动机；

（2）训练流程和速度适当；

（3）能力目标；

（4）结构化流程；

（5）与学生的个人互动；

（6）回答问题并即使在中断后仍保持专注。

应告知应聘者已具备的能力水平，例如，他们已完成培训第一阶段，具备所有必要的基础知识，但应用技能较低等情况。

三、CBTA教员培训

录用教员应聘者后，教员培训应结合教学理论和方法论，因为人的因素（软技能）是本教员资质的主要目标。同时，个别技术培训应按要求覆盖技术能力差距。典型教员训练大纲如表5.1所示。

表5.1　典型教员训练大纲

项目	具体训练任务
培训过程简介	社会技巧评估

续表

项目	具体训练任务
教员和学生的任务与发展	常规任务 动机 行为和态度
职责	职能和责任 规则和程序 如何识别冲突
教与学	学习目标 内容定义 选择教学方法 绩效考核
辅导	学生动机 冲突管理 结构化讨论的基础 反馈规则
案例分析	如何传达给定主题，包括捕捉需求，解决方案带来的运行风险
担任教员、导师、评估人员和培训伙伴	区分不同角色的定义 如果角色不清楚，则有风险 在每个角色中设定自己的期望，向学生传达期望 定义用于培训和评估的新练习 结构性地识别自身和学生的能力差距 定义和监控态度
团队及其角色	团队合作和团队动力的定义合作阶段 团队合作中的冲突 高绩效团队的标准
目标	目标是什么以及如何解释目标
学习和学习目标	学习技巧：演绎和归纳学习、学习规则、放大器、促进因素。 制定适当的能力评估

续表

项目	具体训练任务
动机	动机基础和避免消极动机 捕获因素，应对无兴趣和过度需求的情况 应对态度问题
领导力	组织领导力和情景领导力 自我评估矩阵 使用管理工具：动机、认可、支持、授权、控制、批评和反馈谈话、协议中的可持续性
冲突	解决冲突策略的优缺点 妥协，合作
视频培训	与难以配合的同行进行对话和培训
交流与反馈	简洁、简单、结构、刺激、主动聆听、理论与实践、反馈、错误、条件、建设性反馈、秩序效应
决策	作为 FOO 指导员，我必须做出哪些决定？ 决策模型、度量和决策流程：事实、选择、风险、收益、决策、检查可持续性、故障管理、清单、练习
课程分配：每天 8 个单元，各 45 分钟	
培训时长：3 天	

有组织的熟悉阶段应为新的教员准备培训任务。这一阶段包括教员参加正在进行的课程、开发练习和处理标准程序。新任和现任教员的标准化应当是一个定期、持续的过程，以便交流经验以及分析对培训结果具有影响的关键因素。为了提高培训质量并优化培训流程，需要来自学生和教员的反馈，这些影响因素包括：

（1）循证培训：将运行证据纳入培训开发，应提出现实和适当的运行情况和情境以更新培训方法。

（2）使用的材料：将相关运行材料和数据融入培训开发中。实际标准程序和实际数据必须纳入训练材料与练习的开发。

（3）人的因素：从教员与学员的关系之间（人为因素）的经验。教员与学员在任务复杂度、所选培训和评估方法等互动中的风险因素。

（4）通信系统：技术通信工具（聊天、电子邮件、电话）的功能、适用性和标准化程度以及教员的灵活性。

（5）学员支持：提供并安排足够的、合格的教员用于与网络课程和个人问答中培训内容有关的培训内容，以便为学员提供支持。

（6）培训管理：培训组织能否从教员与学员那里获得行政和安排相关的问题，关于培训管理层修订的规章和程序的信息

（7）学员代表和反馈：讨论学员代表的反馈以及培训计划和时间表中使用的反馈工具、培训方法和材料以及学员支持的质量，转达为完善培训组织而吸取的经验教训。

（8）LMS：鉴于新内容或更新内容、用户管理、用户界面和技术方面的一体化，LMS 的标准和程序。

（9）培训流程和时间安排：调整模块顺序、练习内容、案例分析，安排模块时间和教员以优化培训流程。

（10）评估标准：在评估受训人员能力水平和培训进度时使用的间隔、方法、材料、数据和工具。

（11）文档编制标准：用于记录受训人员能力进展的间隔、方法和工具，受训人员的反馈、使用 LMS 内容以及每名学员在模块、案例研究和练习中的出勤情况。

第二节　教员能力模型

基于能力的培训（Competency-based Training，CBT）是现在乃至未来国际民航组织（ICAO）倡导的培训发展方向。在 ICAO 批准并出版的《飞行运行员/飞行签派员基于能力的训练与评估手册》（Doc 10106）、《空中航行服务程序——培训》（Doc 9868）中，规定了基于能力的培训实施实际程

序，主要针对飞行运行人员。根据 ICAO 的定义，能力是指按照规定标准执行任务所需的知识、技能和态度的组合，而基于能力的培训是指以关注绩效、重视绩效标准及其衡量为特点，按照规定的绩效标准开展培训工作的培训。

传统培训往往以教员为中心，学员被动接受知识。比较而言，开展 CBTA 更加系统化，以学员为中心，更加关注学员的主动学习，以培养学员的岗位胜任能力为目标。能力素质模型的构建，采用 ICAO 的标准化办法 DACUM 工作分析法来搭建。

一、DACUM 工作分析法

ICAO 推荐的工作分析法是建立能力素质模型的第一步，也是最关键的一步，还是开展基于能力的培训的基石。工作分析的主要内容是将相关岗位的工作职能和任务按照科学的方法分解为子任务和任务要素，并确定完成各项子任务和任务要素所需具备的知识、技能、方法、经验及态度等能力素质的过程。工作分析的方法有很多，包括访谈法、问卷调查法、观察法、资料分析法、关键事件法等。

DACUM，即教学计划开发（Developing a Curriculum），它的本质是一种分析和确定某种职业所需能力的方法。主要的执行步骤如下：

（1）首先成立 DACUM 工作小组，由在某一职业（专业）岗位长期工作、经验丰富的优秀从业人员组成。

（2）召开 DACUM 研讨会，主持人介绍研讨委员会成员，简要说明 DACUM 方法，包括陈述 DACUM 方法的宗旨，介绍 DACUM 研讨的过程与步骤，指出 DACUM 研讨中应注意的问题。

（3）对所研讨的职业（专业）岗位进行讨论，确定能力领域。运用头脑风暴法，DACUM 研讨人员充分发表个人意见，先对能力领域提出初步意见，再对提出的能力领域进行修改与合并。应特别注意，对能力领域的描述，必须用一个动词开头，字不宜过多。

（4）确定各项能力领域中的技能。对技能的描述用动词开头，并附加可操作内容。在讨论技能时，可附加讨论应掌握哪些知识，能做什么及态度等。

（5）再次检查并定义能力领域和技能，通过增删、合并技能和能力领域，进一步完善 DACUM 表，并对能力领域和技能进行排序。

（6）合并整理出 DACUM 表，一般包括名称、能力领域、专项能力和能力标准四项内容。DACUM 工作分析法最大的优势在于它能对职业岗位所要求职业能力的描述非常具体、明确。但因为 DACUM 表的最终结果是技能，只强调外在的行为变化，而忽视内在的能力和情感的变化，所以，如果直接将 DACUM 表的能力标准作为课程开发的依据，这种能力观的应用有一定的局限性。

二、行为事件访谈法

行为事件访谈法（Behavioral Event Interview，BEI）由 McClelland 教授结合关键事件法和主题统觉测验而提出。这一方法提倡在一个相对密闭的空间内，通过一对一的谈话方式，根据情景（situation）、任务（task）、行为（action）、结果（result）深层次挖掘出受访者具体的行为细节，还原事件发生的全过程，收集受访者在代表性事件中的具体行为和心理活动的详细信息。具体步骤如下：

（1）访谈者自我介绍，说明访谈目的和程序，打消受访者的疑虑。

（2）受访者描述自己的工作任务、职责、工作环境等。

（3）受访者谈谈他认为做好本职工作，应该具备哪些方面的知识、技能、个性特征等。

（4）描述行为事件，询问受访者，让其回忆过去一段时间在工作中感到最具有成就感（或挫折感）的关键事件。

（5）补遗和结束，询问受访者还有哪些需要补充的重要信息。

行为事件访谈法虽然耗时较长，也需要访谈者具备一定的谈话技巧及对访谈文本的深入理解，但是能充分获取和挖掘有效信息，可以较好地补充 DADACUM 工作分析法的不足。

三、观察分析法

观察分析法也是工作分析常用的方法之一，即有一定经验的人通过对特定事件的仔细观察，进行详尽的阐述记录，并在此基础上对影响该事件的关键因素进行分析的一种方法。观察分析法易操作，应用比较广泛，但实施时需注意观察人员尽可能不要引起被观察者的注意，不应干扰被观察者的工作。

第六章　基于能力的 DRM 课程设计与实施

基于能力的飞行签派员训练及评估方法是基于签派资源管理（DRM，Dispatch Resource Management）多维度、创新性地面向飞行签派员和航空运行人员开展的训练及评估新模式。根据中国民用航空局现行有效的法规规章中对飞行签派资源管理六个方面能力要求，航空公司飞行签派员需要接受 DRM 培训并不断应用于日常航班运行保障中。本章结合前文所述 CBTA 理论及方法，将胜任力训练与评估理念应用于签派资源管理训练课程开发及实施中，旨在持续完善飞行签派员资源管理能力，提升签派员综合素质。

第一节　签派资源管理训练课程概述

一、DRM 课程概述

签派资源管理（DRM）训练着眼于利用可用资源解决航空公司中不同群体间的沟通和相关人际关系的优化问题，在该课题研究的初步阶段，具体绩效问题包括：有效的团队建设、冲突解决、情景意识、信息的传递与发布、问题的解决、决策的做出以及人与自动化系统的交互等。

DRM 训练基于飞行签派员是飞行运行中不可或缺的部分，并且能够对安全产生积极影响。良好的常规运行训练有助于飞行签派员在较大工作负荷和压力下有效履行职责。

在紧急情况下，飞行签派员将本能地依赖 DRM 训练，在低压力状态下的行为训练有助于提高飞行签派员有效应对紧急情况的能力。训练包括以下几点：

（1）训练应强调沟通的重要性，并为培养和改善飞行签派员的沟通技巧提供指导性意见。

（2）训练应强调情景意识。

（3）训练的重点应放在提高做出有效决策的技能上。

（4）训练应强调通过确定任务的优先次序来有效管理工作负荷。

（5）处理人际关系的技能训练重点应放在飞行签派员的态度和行为，以及对其他人的影响上。

（6）训练应运用人为因素概念，以提高飞行签派员处理问题的熟练程度。

（7）理想条件下，DRM 训练应包含所有运行人员，以改善团队协作。

（8）训练应教会飞行签派员有效管理信息流的必备技能。

（9）应使飞行签派员学会怎么处理不正常和紧急情况。

（10）飞行签派员参加航线模拟训练（LOFT）是练习和强化 DRM 技巧的手段。

（11）飞行签派员可参加角色模仿练习，培养飞行签派员在处理运行事件时的策略制定和决策分析能力。

（12）通过树立意识、实际练习、获取反馈、持续强化、投入时间来实现态度和行为的养成。

二、DRM 课程培训要求

本课程主要讨论签派资源管理的发展历程和含义，信息沟通的方式和技巧以及沟通障碍的克服，影响决策的因素和提高决策能力的方法，飞行签派员情景意识和压力管理，运控中的人为因素和预防签派人误的对策，如何做好团队协作以及绩效管理，DRM 训练管理和技能评估等内容。通过学习课程内容，将增强学生对 DRM 技能的理解，获得全面提升签派资源管理技能的方法，使学生在系统掌握签派理论知识后，能够熟练地将签派资源管理的技能应用到实际的航空运行中。本课程结合实际运行，重点培养学生的 DRM 技能，为学生今后从事飞行签派工作打下坚实的基础。

完成本课程内容后，学生的知识技能应满足以下要求：

（1）了解 DRM 培训的目的和背景。

（2）理解 DRM 的概念和意义。

（3）掌握沟通和决策的方法。

（4）理解情景意识和工作负荷管理的内涵。

（5）熟悉人为因素与差错管理的内容和预防方法。

（6）具备领导能力和团队协作能力。

（7）理解 DRM 技能的评估。

三、DRM 的传统缺陷

首先，在设定特定的管理程序之前，应该了解飞行签派员对资源管理概念的理解和执行程度。对飞行签派员的签派工作进行调查研究，观察他们在工作中的表现，对已经出现的事故征候进行分析，有针对性地提出大纲，并对设计管理方案的飞行签派员提供必要的信息和指导。

其次，飞行签派员资源管理方案应能反映出签派工作的组织结构特点和需要。在了解签派工作组织结构的前提下，针对该工作所涉及的问题，建立资源管理的先后顺序，有针对性地对飞行签派员进行管理。

最后，在飞行签派员资源管理的过程中，必须规定管理大纲所涉及的人员范围。而且，在启动飞行签派员资源管理方案前，需要向飞行签派员通报方案的特性和范围。专门负责飞行签派员资源管理的部门，需要向飞行签派员提供管理的内容以及初始计划和长期计划，这样可以防止飞行签派员对管理重点的误解以及在实施过程中可能出现的其他方面的误解，避免出现麻烦，取得更好的资源管理的效果。

四、规章依据及参考资料

- 《大型航空运输承运人运行合格审定规则》

- 《飞行签派员执照管理规则》
- 《签派资源管理》(FAA AC121-32A)
- 《航线模拟训练(LOFT)》(FAA AC121-35C)
- 《飞行驾驶舱成员和客舱乘务员之间的沟通和合作》(FAA AC120-48)
- 《机组资源管理(CRM)训练》(FAA AC120-51)
- 国际民航组织附件 13 中关于人为因素的相关章节

五、能力框架要求

(一)沟通

沟通包括外部因素和内部因素。

外部因素包括:职衔、年龄、性别、经历、教育背景、公司的复杂性、组织文化等。

内部因素包括:口头表达技能、倾听技能、决策技能、解决冲突的技巧及恰当的主张和坚持策略的应用。

沟通可定义为在正常和非正常的情况下通过适当手段进行沟通。

相关可观测行为分为:

(1)确保收听者已准备就绪并能够接收信息。

(2)适当地选择什么、何时、如何以及与“谁”进行沟通。

(3)清晰、准确、简洁地传达信息。

(4)提供关键问题做出清晰简明的回答, 确认收听者正确理解重要信息。

(5)在接收信息时积极倾听并表示已经理解对方信息。

(6)询问相关且有效问题。

(7)遵守标准无线电话用语和程序 。

(8)正确解释必要的公司手册、航班文件。

（二）决策

飞行签派是整个 AOC 的核心，运行中所有的决策和信息都要通过飞行签派员集中和参与决策。

决策可定义为准确识别风险并使用适当的决策技术解决问题。

相关可观测行为分为：

（1）区分运行情况分析所需的无关和相关数据。

（2）应用正确的信息、关系、系数。

（3）在遇到冲突、意外或不完整的信息时做出适当的决策。

（4）使决策适应于可用时间。

（5）考虑到安全、成本和运行稳定的评估选项。

（6）通过选项工作并定义限制截止日期。

（7）使用适当的决策过程和工具。

（8）评估自己的决策以提高绩效。

（三）情景意识

情景意识在国际上被广泛接受的定义为：在一定的时空范围内对环境元素的感知、理解及其未来状态的预判。

飞行签派员情景意识可以定义为：在动态环境下，获取、评估、整理信息，预计可能发生的事故，并在必要时采取措施的能力。

飞行签派中的运行控制是在极为动态的环境中进行的，其动态程度远远高于驾车，与安全相关的许多信息并不是以直观的形式来展现的，飞行签派员必须了解和掌握空中交通运行状况及其未来可能会出现的问题，也就是说，飞行签派员必须建立情景意识。

情景意识可定义为感知并理解所有可用的相关信息， 并预见可能影响运行的事件。

相关可观测行为分为：

（1）确定并评估复杂的业务情况所产生的风险和后果。

（2）评估可用资源（基础结构、IT 系统、人员），并且对更改做出响应，调整运行。

（3）确定和评估运行的状态（航空器的技术状态，天气情况，NOTAMS，工业行动等）。

（4）监视当前运行状况，以预见和解决新出现的问题。

（5）预测可识别的威胁或风险，充分开发应急计划。

（6）对运行安全的威胁进行识别与管理。

（7）熟悉规章及手册，并有效地应用于实际运行。

（8）具备扎实的理论知识并熟练掌握专业技能。

（四）工作负荷管理

工作负荷的任务施予个体的刺激强度，可以分为体力负荷与心理负荷。

工作负荷反映工作需求消耗心理与生理资源的强度，是主观的。

工作负荷可定义为在所有情况下，有效地管理可用资源，以及时地排序和执行任务。

相关可观测行为分为：

（1）在执行任务时有效地管理时间。

（2）在所有情况下保持自控。

（3）有效地安排计划、决定优先次序和安排任务。

（4）审阅、监视和执行交叉检查。

（5）核实基本工作是否已完成并达到预期成果。

（6）管理自我以及从不正常状态中及时恢复。

（7）保持精神和体能要求， 以安全地履行职责。

（8）必要的时候提供并接受协助。

（五）差错管理

差错被定义为导致偏离组织或飞行机组意图或预测的飞行机组的作为或者不作为。未管理的和/或管理不当的差错经常导致非预期的航空器状态。

自发性：与威胁不同，差错是源自“人”本身。

可观测性：TEM 概念中差错必须可观察到的。

主观层面：无意识的或有意识的。

降低安全裕度：差错的发生会增加不利事件发生的概率，但不表示差错必然会导致不安全事件或事故，因此差错是可以被管控的。

差错管理可定义为对运行安全的威胁进行识别以及管理。

相关可观测行为分为：

（1）掌握常见的人为因素，了解其对签派工作的影响。

（2）熟悉签派工作中的常见差错及其类型、来源。

（3）能正确分析差错出现的原因，找出进行改进的机会。

（4）快速准确地从各种渠道获取信息，并对所获得的信息进行正确的分析处理。

（5）熟悉自动化的功能特性及局限，并能够正确熟练使用自动化系统。

（6）改进工作流程，制定和应用合理的检查单。

（7）优化系统功能，有效减少人为差错。

（8）具备良好的沟通决策及任务管理能力。

（六）领导力与团队协作

团队合作是一种为达到既定目标所显现出来的自愿合作和协同努力的精神。

领导者应该具备以下素质：

Energy（活力）个人精力充沛——有行动的冲劲。

Energizer（激励）调动和鼓励他人的能力——富有感染力的热情使组织的潜能发挥到极致。

Edge（敏锐）竞争精神——对速度有与生俱来的追求。

Execution（执行）达到目标——坚定的信念和大胆的支持。

领导力与团队协作可定义为在整个组织中合作，促进一个明确的愿景和共同目标，激励他人实现目标和积极的结果。

相关可观测行为分为：

（1）获得他人的信任和信赖。

（2）激励他人合作，力求卓越。

（3）以建设性的方式处理和解决冲突和分歧。

（4）承认错误并且承担责任。

（5）为他人确定并提供相关信息和解决方案。

（6）提供并寻求有效和建设性的反馈。

（7）管控具有适当的角色界限的专业关系。

（8）建立激励机制，为优秀团队成员提供培训或升职机会。

第二节　基于能力的 DRM 培训设计

一、课程培训目标

本培训注重理论与实践相结合，旨在提高学员分析问题和解决问题的能力。通过 CBTA 的学习，学员应具备下列能力：

（1）能够分析影响决策的各个因素，提高飞行签派员的决策质量；能够基于情景意识的相关知识，分析并评估认知加工能力、知识经验、期望态度、健康状况工作负荷、自动化、环境等因素对飞行签派员情景意识的影响，能全面分析具体的运行监控案例，充分理解良好情景意识对签派工作的重要性，认识到民航交通运输领域相关问题的解决办法具有多样性，并结合自身情况提升情景意识管理水平。

（2）能够分析民航安全事故差错影响因素，应用安全管理、签派放行、航空情报等专业知识技能，预防或避免飞行签派员人为差错。通过案例分析，评估实际运行中相关决策的优劣，提出改进方案。

（3）能够分析航空公司内部 AOC 签派学科特征，能应用签派资源管理的理论模型对不同安全事件进行分析。

（4）能够陈述签派资源管理（DRM）的发展历程、含义、重要性、意义及相关理论模型。

（5）能够分析民航安全事故差错人为因素，分析违反规章的民航不安全事件对社会、文化、乘客生命财产造成的后果，进而制定出预防策略。

（6）能够理解沟通的定义，明确沟通的方式和技巧；能够区分 AOC 各个席位职能划分，在处置航班过程中能给予其他席位同事明确传达信息，表达意见和需求，提高及时分析其他席位发送信息含义的能力。

（7）能够基于个体情景意识与群体情景意识的知识，意识到个体情景意识的差异性以及群体情景意识并非个体情景意识的简单叠加，具备从专业知识、工作负荷、工作态度、注意力四个方面管理自身情景意识的能力，熟练掌握个体情景意识和群体情景意识的训练技巧，具备运用情景意识技能提升方法提高个体和群体情景意识的能力；能够基于工作负荷的相关知识，理解影响飞行签派员工作负荷的因素，理解工作负荷与工作效率的关系，掌握工作负荷管理能力提升的方法，具备不同程度工作负荷下注意的分配管理能力；在值班席位中能应用公司手册、运行控制系统等提高独立开展值班，分析航班处置流程，能够结合放行席位、运行控制席位及监控席位合作寻求最优方案的能力。

（8）能够基于安全高效的原则，明确工作负荷和能力资源与工作绩效的关系，测量并评估工作负荷，具备组织、协调和指挥团队实现多任务优化管理的能力；在团队协作中建立有效沟通，应用科学方式预防和克服沟通障碍；能够应用团队协作的有效方法，通过简单分配、巧妙安排、树立榜样来有效领导团队，指引方向。

二、课程教学方法与手段

理论课教学坚持理论联系实际的教学方法，将实际具体的问题作为重点解决目标引入到课堂中，让学生思考问题、理解问题、分析问题，并最终通过编程解决问题。坚持传统教学手段与现代多媒体教学手段相结合，教学内容安排要突出重点和难点，尽可能边演示边讲解，化繁为简，努力提高学生的学习兴趣。注重应用启发式教学、开展课堂讨论等教学方法，引导学生积极思考问题、分析问题，拓展学生的思维。

作业环节引入案例分析和实践演练，学生可以在系统上对案例进行实验分析，结束后以自评、小组互评、教员评分等方式进行综合评估。注重课后自学，在系统平台上给学生布置一定数量的课后作业，最大限度地提高学生学习 DRM 课程的积极性，保证学生的学习质量，提高学生分析能力和成绩。

三、课程培训体系设计

（一）课前分析

需求分析就是分析用户的需求是什么。如果投入大量的人力、物力、财力、时间，开发出的培训却没必要，那所有的投入都是徒劳的，导致开发一个课程，最后却不满足用户的要求，甚至要重新设计。课前需求分析的任务是解决“做什么”的问题，就是要全面地理解培训对象的各项要求并准确设计。

对授课对象岗位背景和基本知识能力，利用访谈法、问卷调查法等进行需求分析，构建出基于能力地图是画设学习地图的关键点，明确培训类型（例如初始培训、复训、转机型、资质提升等），明确飞行签派员培训设计的管理和执行程序，提高飞行签派员的技术水平，满足中国民用航空规章等文件的运行要求，进而根据签派岗位教学目标和培训任务要求进行课程编排。

（二）课程设计

通过相关的 DRM 实验平台，可以仿真模拟实际运行过程非正常和紧急的情景，能在培训目标的基础上设定足够任务，以分析运营人的安全事件。确定培训目标，设计任务清单，根据具体事件以达到规章中的要求。

四、DRM 课程实施

根据签派岗位教学目标和培训任务开展教学培训活动，基于能力的

DRM 培训设计以 DRM 实训平台为基础，结合沟通、决策、情景意识、工作负荷管理对教学和培训过程进行记录，如表 6.1、表 6.2 所示。

表 6.1　DRM 课程教学设计大纲

课程内容	作业	教学形式、课时	
		理论	实践
理论：第 1 课、第 2 课 DRM 概念及意义； “沟通”理论讲解 提问：对 DRM 及每个模块的理解。 练习：小组 FOC 任选一个航班放行，记录重点信息并讲解	结合“沟通”的 OB，设计情景，包含“沟通”OB 的 task 清单，并提交	4	
实训 1：沟通案例学习（DRM-0095——因 ACARS 通信问题导致某航班备降；DRM-0021——FOC 航班反复调整引发问题）	根据案例对学员进行角色分配，学员完成飞行签派员处置程序，做出决策		4
理论：第 3 课 “决策”理论讲解； 复习“沟通”OB	结合“决策”的 OB，设计情景，包含“决策”OB 的 task 清单，并提交	4	
实训 2：“决策”案例学习（EP-0015——某航特殊情况下的签派决策；DRM-0107——油量数据超出最大装载容量事件）	结合“决策”的 OB，根据案例对学员进行角色分配，学员完成飞行签派员处置程序，做出决策		4
理论：第 4 课 “情景意识”理论讲解； 复习“沟通”“决策”“情景意识”的 OB	结合“情景意识”的 OB，设计情景，包含“情景意识”OB 的 task 清单，并提交	4	
实训 3：“情景意识”案例学习[DRM-0014——空中中央油箱泵不工作；AC-0060——中南地区.某航.	结合“情景意识”的 OB，根据案例对学员进行角色分配，学员完		4

续表

<table>
<tr><th rowspan="2">课程内容</th><th rowspan="2">作业</th><th colspan="2">教学形式、课时</th></tr>
<tr><th>理论</th><th>实践</th></tr>
<tr><td>空中飞机左前风挡不加温事件（AC）]</td><td>成飞行签派员处置程序，做出决策</td><td></td><td></td></tr>
<tr><td>理论：第 5 课
复习“沟通”“决策”“情景意识”的 OB
SBT 演练——DRM-0014、AC-0060</td><td>小组 SBT 演练</td><td>4</td><td></td></tr>
<tr><td>实训 4：“工作负荷”案例学习（DRM-0026——G2.G.东北地区.某航.二次备降；WX-0048——Y2.Y.西南地区.某航.航班调整案例分析）</td><td>结合“工作负荷”的 OB，根据案例对学员进行角色分配，学员完成飞行签派员处置程序，做出决策</td><td></td><td>4</td></tr>
<tr><td>实训 5：“人为因素与差错管理”案例学习（DRM-0012——飞机左发过热灯亮；DRM-0094——某航班某航错漏提供资料问题的分析）</td><td>结合“人为因素与差错管理”的 OB，根据案例对学员进行角色分配，学员完成飞行签派员处置程序，做出决策</td><td></td><td>4</td></tr>
<tr><td>实训 6：第 5 课
“团队协作”案例学习（AC-0018——某 795 空中 TCAS 故障案例 No.0047；EP-0067——发失效后的运行）</td><td>结合“团队协作”的 OB，根据案例对学员进行角色分配，学员完成飞行签派员处置程序，做出决策</td><td></td><td>4</td></tr>
<tr><td>内容：第 6 课、第 7 课
“工作负荷”“人为因素与差错管理”“团队协作”理论讲解；
提问：对各自负责 OB 的理解分配 B 项情景设计及讲解</td><td>分配 OB 项情景设计及讲解</td><td>8</td><td></td></tr>
</table>

表 6.2　培训能力目标和支撑设计关系列表

培训目标	教学内容	支撑设计（教学设计）	评价方法	评价依据
目标 1	实训 2 决策 实训 3 情景意识	本章讲授和实践相结合，其中决策评价指标采用讨论教学，通过案例分析实现学生对决策指标的熟悉，为团队协作的有效决策提供帮助。 本章讲授和实践相结合，其中 SA 技能评估采用讨论教学，通过案例分析评估学生 SA 技能	考核成绩分析法、量规表法	实验、汇报总结
目标 2	实训 2 决策 实训 5 差错管理	本章讲授和实践相结合，其中决策评价指标采用讨论教学，通过案例分析实现学生对决策指标的熟悉，为团队协作的有效决策提供帮助。 本章讲授和实践相结合，其中差错管理因素采用案例讨论教学，学生熟悉差错管理技能	量规表法	实验、汇报总结
目标 3	理论：第 1 课、第 2 课	本章讲授和实践相结合，其中 DRM 的重要性采用案例教学，通过案例分析实现学生对 DRM 重要性及其意义的深度认知	量规表法	实验、汇报总结
目标 4	理论：第 1 课、第 2 课	本章讲授和实践相结合，其中 DRM 的重要性采用案例教学，通过案例分析实现学生对 DRM 重要性及其意义的深度认知	量规表法	实验、汇报总结
目标 5	实训 5 差错管理	本章讲授和实践相结合，其中差错管理因素采用案例讨论教学，学生熟悉差错管理技能	量规表法	实验、汇报总结

续表

培训目标	教学内容	支撑设计（教学设计）	评价方法	评价依据
目标 6	实训 1 沟通 实训 6 领导力和团队协作	本章讲授和实践相结合，其中沟通评价指标采用讨论教学，通过案例分析实现学生对沟通指标的熟悉，为构建有效的团队沟通打好基础。 本章讲授和实践相结合，其中工作负荷技能评估采用讨论教学，学生熟悉协调工作负荷技能。 本章讲授和实践相结合，其中团队合作采用案例讨论教学，学生熟悉团队能力评估方法	量规表法	实验、汇报总结
目标 7	实训 4 工作负荷 实训 6 领导力和团队协作	本章讲授和实践相结合，其中SA技能评估采用讨论教学，通过案例分析评估学生SA技能。 本章讲授和实践相结合，其中工作负荷技能评估采用讨论教学，学生熟悉协调工作负荷技能。 本章讲授和实践相结合，其中团队合作采用案例讨论教学，学生熟悉团队能力评估方法	量规表法	实验、汇报总结
目标 8	实训 4 工作负荷 实训 6 领导力和团队协作	本章讲授和实践相结合，其中团队合作采用案例讨论教学，学生熟悉团队能力评估方法	量规表法	实验、汇报总结

五、课程培训教学测评

课后教学测评包括考核要求、方式与成绩评定等。

课程考核实行结构评分：

课程总成绩 =上课表现 40% +考试成绩 60%

平时成绩（40%）：包括实验 1 至实验 7。每位学生在签派资源管理实践平台下完成 7 个实验作业，根据 OB 实验完成质量及数量作为标准来评定学生的平时成绩。

结业考试成绩（60%）：统一评分标准，采用汇报总结大作业的形式考核，要求每个学员应单独完成一个练习，本练习中的所有书面陈述项目可独立评分。满分为 100 分。若期末考试成绩低于 45 分，即使结构评分结果为合格，总成绩也不能判定合格。

第三节　基于能力的 DRM 能力评估设计与实施

民航运输量持续增长，航班运行环境日益复杂，对飞行签派员提出更高的能力要求，其 DRM 技能直接影响航空公司航班运行安全与经济效益。在 ICAO CBTA 项目背景下，以 Doc 10106 文件为基础，结合实际情况，开发基于能力的 DRM 能力评估设计与实施，有助于丰富飞行签派员 DRM 技能的评估手段，提高飞行签派员 DRM 技能的培训效果。

一、中国民航法规中对飞行签派员 DRM 技能要求

《大型飞机公共航空运输承运人运行合格审定规则》（CCAR-121）规定，航空承运人须为飞行签派员在初始、转机型地面训练和定期复训中提供 DRM 训练，以及飞行签派员在工作中需掌握的技能与遵守的规定，具体说明如表 6.3 所示。

表 6.3 CCAR-121 中对飞行签派员 DRM 训练的要求

条款	内容
121.415	对新的设备、设施、程序和技术，包括对飞机的改装，具有合格的知识和技术水平
121.431 121.439	飞行签派员的初始和转机型地面训练应当讲授内容包括飞行签派员资源管理训练。 飞行签派员在所涉及的飞机和工作位置方面知识状况的问答或者考查
121.501	在国内、国际定期载客运行中担任飞行签派员的人员，应当持有飞行签派员执照，并且按照本规则 N 章批准的训练大纲，圆满完成相应飞机组类中的一个型别飞机的下列训练
121.513	申请人证明其熟练掌握必需的知识和技能（例如驾驶术或其他），以及机组资源管理或飞行签派员资源管理的理论知识和技能。这一证明过程应在能够将上述两种类型知识和技能放在一起测试的情景（即航线运行评估）中进行

《中国民用航空飞行签派员执照管理规则》（CCAR-65）在第 65.17 条实践考试要求中提到，飞行签派员执照申请人应当通过针对航空运输中使用的任何一种大型飞机的实践考试。内容应当基于本规则附件 A 和《飞行签派员实践考试标准》中的规定要求。其附件 A 飞行签派员课程中规定了从事飞行签派专业所需要的基本知识内容，其中包括签派资源管理课程，要求航空公司在飞行签派员训练课程中设置沟通决策、差错管理、团队协作、工作负荷等 DRM 训练课程，飞行签派员需要具备以下知识技能，如表 6.4 所示。

表 6.4 CCAR-65 中对飞行签派员 DRM 技能的要求

决策	人为差错	协作
（a）环境评估 （b）备份方案的制定和评估 ● 权衡和优先	（a）原因 ● 个人和组织的因素 ● 技术导致的错误	（a）信息和情报交流 （b）共同和分散解决问题 （c）资源管理

续表

决策	人为差错	协作
● 应急计划 （c）支援工具和技术	（b）预防 （c）发现和纠正	● 运行控制人员行为和工作负荷

二、 DRM 技能评估方法

技能评估是比较复杂的系统，容易受多种因素影响，需依据多个指标进行评估。目前已有的各类评估方法较多，但实施原理、适用范围等均有不同，需具体问题具体分析，以下针对飞行签派员 DRM 技能评估问题对各能力评估方法进行优缺点分析，如表 6.5 所示。

表 6.5 DRM 能力评估方法对比分析

方法	优点	缺点
因子分析法/主成分分析法	可以从众多评估指标中筛选出几个少数指标评估飞行签派员 DRM 技能	1.评估结果不全面不完整的； 2.评价过程中指标权重无法确定
层次分析法	1.可将指标分类后确定各自权重； 2.通过纵向、横向比较，便于评估对象的改进完善	1.判断矩阵仍为主观确定，评估主体不同时结果也容易产生差别； 2.一系列加权、数据处理后，评估值被弱化
模糊评价法	在上述案例背景描述较简单时，可将获得的有缺陷的信息转为模糊概念，将定性问题转化为定量分析	1.评估数据收集分析停留在表面，各种不易发现的因素未计算在内； 2.指标数较多时不具有适用性； 3.评价的主观性明显
综合指数法	1.根据案例评估过程中操作系统化，分析具有全面性； 2.通过充分的数据分析，可发现短板，为改进提供依据	1.制定标准较难； 2.对标准依赖性强； 3.指标取值无标准化处理

续表

方法	优点	缺点
TOPSIS 法	1.对样本资料无特殊要求； 2.数据处理后没有减弱原始数据的评估价，与实际情况相符； 3.可对一组待评飞行签派员进行排序	两组评估值与最优解和最劣解距离相异、绝对值相同时，结果易出现误差（可通过数据处理改进）

传统飞行签派员 DRM 技能评估均为定性评估，且具有极强的主观性，因此在开展评估中，为使评估更加全面客观，可选取三类评估主体（见图 6.1）：学员自身、同级和领导/教员，进行全方位、多角度地评估。灵活运用多种评估方法对各评估主体进行赋权。数据来源选取学员自评、同级互评与领导评估，以此保证评估模型的评估数据源的科学合理。

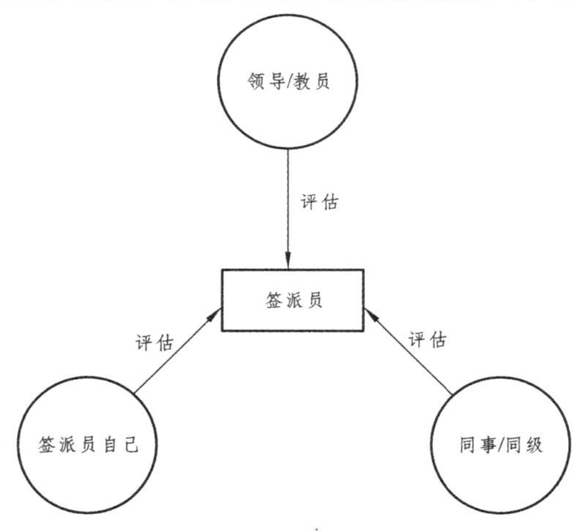

图 6.1 多元化的评估主体

三、基于能力的 DRM 能力评估设计与实施

Doc 10106 中提到，我们的目标是建立一个可用的能力模型。因为评估和培训计划的发展过程是相互迭代的，但结果是分开的，但不可否认的是，培训和评估的整合是 CBTA 的一个组成部分。为设计一个可用的能力

模型，适宜 ICAO 的能力框架可以被采用，用以满足能力要求。图 6.2 展示了其实施方法与相关元素。

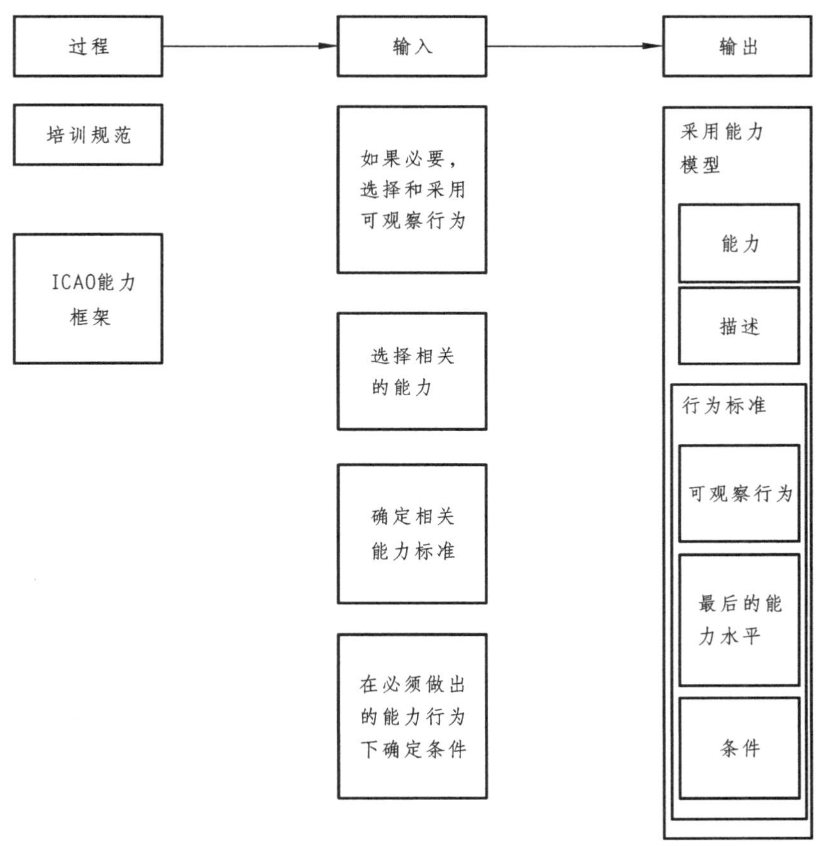

图 6.2　基于 CBTA 设计可适用的能力模型

在实施能力测评时，首先需要明确能力测评所使用的方式方法。可以选择一种方法或者几种方法的组合，在组合使用各种方法时，需要对不同的测评方法设置不同的权重。

“绩效”也是进行能力评价的常用参考因素，在以能力提升为目标的能力评价中，绩效通常占比在 5%~30%之间，企业可根据岗位特征、业务需要设置不同的权重占比。

知识测评通过试卷答题进行。通过岗位相关培训内容及课程，可获取需要掌握的专业知识和技能信息；同时，结合其他信息，如技能的评定资料、SOP、岗位说明等，进行考题和技能检核表的开发，即可实施评价；通过问卷调研，可以测评员工知识、技能等综合能力水平；通过结构化的现场展示，被评价者个人的陈述以及现场与评价者的互动，可获得被评价者能力水平。如表 6.6 所示。

表 6.6　基于能力的评价方法

能力测评维度	测评方法	测评工具	评价主体
知识	考试	标准考题	他人客观评价
技能	实操	标准考题	他人客观评价
知识+技能+能力	现场展示	调查问卷	他人主观评价+个人主观评价+现场互动

基于 ICAO 标准能力框架，根据实际情况，对其可观察行为进行补充，设计产生一个恰当的可观察行为与能力模型（见表 6.7）。

表 6.7　DRM 课程设计可观察行为列表

序号	能力（Competency）	可观测行为（Observable Behaviors）
1	沟通（Communication）在正常和非正常的情况下通过适当手段进行沟通（Communicates through appropriate means in normal and non-normal situations）	1.确保收听者已准备就绪并能够接收信息 1.Ensures the recipient is ready and able to receive the information
		2.适当地选择什么、何时、如何以及与“谁”进行沟通 2.Selects appropriately what, when, how and with whom to communicate
		3.清晰、准确、简洁地传达信息 3.Conveys messages clearly, accurately and concisely
		4.提供关键问题做出清晰简明的回答，确认收

续表

序号	能力（Competency）	可观测行为（Observable Behaviors）
		听者正确理解重要信息 4.Provides clear and concise answers to technical questions Confirms that the recipient correctly understands important information
		5.在接收信息时积极倾听并表示已经理解对方信息 5.Listens actively and demonstrates understanding when receiving information
		6.询问相关且有效问题 6.Asks relevant and effective questions
		7.遵守标准无线电话用语和程序 / 询问：主动收集有关飞行签派员操作和职责等信息的重要性 7.Adheres to standard radiotelephone phraseology and procedures / Inquiry:seeking information that is relevant to the dispatcher’s operational and regulatory responsibilities
		8.正确解释必要的公司手册、航班文件 8.Correctly interprets required company and flight documentation
2	情景意识（Situation Awareness） 感知并理解所有可用的相关信息，并预见可能影响运行的事件（Perceives and comprehends all of the relevant information available and anticipates what could happen that	1.确定和评估复杂的业务情况所产生的风险和后果 1.Identifies and assesses risks and consequences arising from complex operational situations
		2.评估可用资源（基础结构、IT 系统、人员），并且对更改做出响应，调整运行 2.Assesses the available resources (infrastructure, IT-systems, personnel) and adjusts the operation in response to changes
		3.确定和评估运行的状态(航空器的技术状

续表

序号	能力（Competency）	可观测行为（Observable Behaviors）
	may affect the operation）	态，天气情况，NOTAMS，工业行动等 3.Identifies and assesses the status of the operation.(technical status of aircraft，weather conditions，NOTAMS，industrial action etc.)
		4.监视当前运行状况以预见和解决新出现的问题 4.Monitors current operations to anticipate and resolve emerging issues
		5.先于可识别的威胁或风险，充分开发应急计划 5.Develops contingency plans sufficiently in advance of an identifiable threat or risk
		6.对运行安全的威胁进行识别以及管理 6.Identifies and manages threats to the safety of operations
		7.熟悉规章及手册，并有效地应用于实际运行。 7.Familiar with regulations and manuals and apply to operation effectively
		8 具备扎实的理论知识并熟练掌握专业技能。 8.Have a solid theoretical knowledge and master professional skills
3	工作负荷管理（Workload Management）在所有情况下，有效地管理可用资源，以及时地排序和执行任务（ Manages available resources efficiently to prioritize and perform	1.在执行任务时有效地管理时间 1.Manages time efficiently when carrying out tasks
		2.在所有情况下保持自控 2.Maintains self-control in all situations
		3.有效地安排计划、决定优先次序和安排任务 3.Plans，prioritizes and schedules tasks effectively

续表

序号	能力（Competency）	可观测行为（Observable Behaviors）
	tasks in a timely manner under all circumstances）	4.审阅、监视和执行交叉检查 4.Reviews， monitors and cross-checks actions
		5.核实基本工作是否已完成并达到预期成果 5.Verifies that essential tasks are completed with the expected outcome.
		6.管理自我以及从不正常状态中及时恢复 6.Manages and recovers from interruptions， distractions and failures
		7.保持精神和体能要求， 以安全地履行职责 7.Maintains mental and physical fitness required to perform the role safely
		8.必要的时候提供并接受协助 8.Offers and accepts assistance，delegates when necessary
4	领导力与团队协作（Leadership and Teamwork） 在整个组织中合作，促进一个明确的愿景和共同目标。激励他人实现目标和积极的结果。（Collaborates up，down and across the organization to foster and promote a clear vision and common goals. Energizes others to achieve the goals and positive results）	1.Gains the trust and confidence of others. 获得他人的信任和信赖
		2.Inspires others to collaborate and strive towards excellence 激励他人合作，力求卓越
		3.Addresses and resolves conflicts and disagreements in a constructive manner 以建设性的方式处理和解决冲突和分歧
		4.Admits mistakes and takes responsibility 承认错误并且承担责任
		5.Identifies and provides relevant information and solutions to others 为他人确定并提供相关信息和解决方案
		6.Provides and seeks effective and constructive

续表

序号	能力（Competency）	可观测行为（Observable Behaviors）
		feedback 提供并寻求有效和建设性的反馈
		7.Manages professional relationships with appropriate role boundaries 管控具有适当的角色界限的专业关系
		8.建立激励机制，为优秀团队成员提供培训或升职机会 Establish incentive mechanism, provide training or promotion for excellent teammates
5	决策（Decision-making） 准确识别风险并解决问题。 使用适当的决策技术 （Accurately identifies risks and resolves problems. Uses appropriate decision-making techniques）	1.区分运行情况分析所需的无关和相关数据 1.Distinguishes between irrelevant and relevant data required for the analysis of operational situations
		2.应用正确的信息、关系、系数 2.Abstracts and applies the correct information, relations, coefficients etc.
		3.在遇到冲突、意外或不完整的信息时作出适当的决策 3.Makes appropriate decisions when confronted with conflicting, unexpected or incomplete information
		4.使决策适应于可用时间 4.Adapts decision making to available time
		5.Evaluates options in view of safety, costs and operational stability 5.考虑到安全、成本和运行稳定的评估选项
		6.通过选项工作并定义限制截止日期 6.Works through options and defines the limiting deadlines

续表

序号	能力（Competency）	可观测行为（Observable Behaviors）
		7.使用适当的决策过程和工具 7.Uses appropriate decision-making processes and tools
		8.评估自己的决策以提高绩效 8.Evaluates own decision making to improve performance
6.	差错管理（Error management） 对运行安全的威胁进行识别以及管理（Identifies and manages threats to the safety of operations）	1.掌握常见的人为因素，了解其对签派工作的影响 1.Mater the common human factors and understand their influence on the assignment
		2.熟悉签派工作中的常见差错，及其类型、来源 2.Familiar with the common mistakes in the dispatch，its types，sources
		3.能正确分析差错出现的原因，找出进行改进的机会 3.Analyse the causes of errors and identify opportunities for improvement
		4.快速准确地从各种渠道获取信息，并对所获得的信息进行正确的分析处理 4.Obtain information quickly and accurately from various channels，and correctly analyze and deal with the information abstained
		5.熟悉自动化的功能特性及局限，并能够正确熟练使用自动化系统 5.Familiar with the functional characteristics and limitations of automation system，and be able to use automation system correctly
		6.改进工作流程，制定及应用合理的检查单 6.Improve the working process，develop and apply reasonable checklist

续表

序号	能力（Competency）	可观测行为（Observable Behaviors）
		7.优化系统功能，有效减少人为差错 7.Optimize system functions to reduce human error effectively
		8.具备良好的沟通决策及任务管理能力 8.Have a good communication， decision making and task management skills

每次评估的学生人数有限，教员或评估者需要采用以对话为主、没有多项选择的笔试方式进行能力评估。ATO 应该通过远程互动提供问题和答案的元素，以减少在课堂上所需要的时间。

为了选择和实施适当的练习来提升与评估能力，教员应了解每个学员的能力水平。因为在进程导向型的培训中，学生可能会与多位教员互动。先前的教员应记录每名学员已完成练习的情况，并附有详细的评估结果、评价和建议。此信息应通过纸质文档或某种形式的电子记录保存方法提供给所有后续的教员和培训协调员（或管理员）。

根据培训模块的适当数量和从适应能力模型选择可观察到的行为标记，选择练习时应考虑相关的任务。评估时使用的练习和任务的概念、方法和复杂程度，应反映培训期间所展示的联系和任务。这些练习和任务还应与现实的 FOO 职责相对应。

第四节　基于能力的 DRM 教员能力要求与培训

一、签派资源管理 DRM 教员能力素质模型

根据 ICAO Doc 10106 中“5.8 教员标准”内容要求，教员的选拔、资质和标准化协议必须根据培训手册或组织管理手册中描述的 ATO（Aviation Training Organization）培训标准进行规定。CBTA 需要具有运行

控制经验且能力强符合能力框架的要求，具有胜任力工作的教员。

签派资源管理（DRM）训练是一项专门针对航空公司飞行签派员所开展的训练，能有效提升航空公司的安全水平与经济效益。DRM 培训教员是需要受过专门教育和训练，具有丰富的案例分析经验，取得飞行签派执照资格证书，经过民航地区管理局评估其相关知识、技能和态度后，可以胜任向受训学员传递签派资源管理理论知识和实践技能，将其培养成民航业所需要从事签派及航空运行岗位工作的专职人员。

关于 DRM 对教员的能力，目前 ICAO 及中国民用航空局没有做出明确要求，参照国际民航组织空中交通管制在职培训教员（On-the-Job Training Instructors，OJTIs）能力需求，DRM 训练的教员能力需求应包括：情景意识、安全和效率管理、指导和辅导、教学和指导、沟通、评估、合作、自我评估和道德操守。DRM 教员应当熟悉所有与 DRM 练习和评估相关的领域，在此基础上学习国际民航组织的训练新思路，他们应比传统签派教员有着更高水平的技能。航空公司和民航院校需要加强师资队伍建设，完善教员资质能力提升计划；实施双语课程，加强教员双语水平提升；深度融合理论与签派教学，加强教员航线实习或模拟机的实际体验；全面实施教考分离，提高培训质量动态监控水平。

表 6.8 为中国民用航空局在咨询通告“签派资源管理训练大纲的制定与实施”中针对 DRM 训练阶段提出的五阶段学习模型。

表 6.8　DRM 训练五阶段学习模型

阶段	目标	训练方法
技能评估	评估学员现有技能和知识水平	自评、测评
技能学习	教授正确原则，解释行为指导的原理	理论教学
技能分析	提供技能表现正反两方面案例，分析行为原则和原因	案例教学、系统观察、小组讨论
技能练习	练习行为指导；根据个人风格调整原则；接受反馈和帮助	情景设置、角色扮演、参与航线模拟飞行训练

续表

阶段	目标	训练方法
技能应用	将所学理论与原则应用于实际情景，促进 DRM 技能的持续开发	任务布置，反馈评估

DRM 授课方案涉及管理学、行为学、社会学、工程学、心理学等学科，训练教员的知识和技能很大程度上决定了训练质量，因此对训练教员在理论知识和实践经验方面有很高的要求。航空承运人应当在开发课程前为选定的教员提供相关的理论知识和实践训练，以保证训练取得好的效果。表 6.9 为结合 ICAO 最新提出的 Doc10106 以 DRM 教员定义为基础，根据召开全国航空公司签派运行领域专家召开研讨会讨论分析后形成的 DRM 教员能力素质模型。

表 6.9　DRM 教员能力素质模型

能力	定义	可观测的行为（OB）
程序以及规章的应用能力	识别、应用操作指引和现行规章所规定的程序的能力	● 根据不同的运营人特定标准和规章使用不同的培训方法 ● 应用 HPL/DRM 概念 ● 识别和应用人的因素理论
技术专长	技术知识和技能的应用与提高	● 具备充足的运行控制任务相关知识、技能和态度 ● 将运行情境和经验提取为任务和练习 ● 将任务和先决条件学习目标融入学习概念 ● 创建练习以满足与人的因素相关的培训要求
过程改进	有助于系统持续改善	● 使用不同的工具（数字平台、软件、规章、SOPs、数据）为任务和案例分析设计材料 ● 根据能力差距为每个学员确定正确的培训方法 ● 提升自己的知识和技能的适当态度和动机 ● 提供适当的反馈表

续表

能力	定义	可观测的行为（OB）
沟通	在正常或非正常情况下，用恰当方式完成沟通	● 制定沟通标准 ● 向 DRM 教员转达并解释概念 ● 文化差异
情景意识	感知、理解全部相关可用信息，预见影响运行的事件	● 将任务和子任务在更广的语境中结合，例如案例分析 ● 演示与人的因素相关的培训需求分析 ● 确定适当的能力行为标志以发展与人的因素有关的能力
工作负荷管理	高效管理可获取资源，各种工作情形下均能划分任务优先级而且及时完成	● 确定案例研究的目标以及任务和子任务的优先级和顺序 ● 在确定运行任务优先次序、时间管理、解决问题和决策的方面的经验
解决问题以及决策能力	准确识别风险并解决问题。使用适当决策技术。	● 评估学员的表现 ● 认识并理解教员、学员和其他利益相关者的角色和责任 ● 处理教员和学员之间以及学员群体内的冲突
领导力和团队合作	与组织内上级、下级协作，促成清晰愿景和共同目标的实现。激励他人达成目标和正面结果	● 利用团队协同作用 ● 训练期间的自我评估 ● 引领以差错管理为重点的培训 ● 引领以决策为重点的培训

二、基于能力的 DRM 培训技术选择

在 DRM 培训过程中，选用有效的培训技术必须与知识、技能、态度的教学相匹配，能够激发学员的学习兴趣和动力。基于能力的培训并不是完全摒弃传统的培训技术，而是要巧妙地组合运用各种培训技术，以最有效、最恰当的方式带领学员达到培训目的。以下为基于能力的培训教员可选用的相关培训技术。

（一）口头讲解

它适用于受训人员系统性了解学科专业知识和理论。其优势在于对培训环境不做过高要求，传授的知识多且系统性强，同时参训人数可以比较多。其劣势在于受训人员要保持注意力集中，因此不宜长时间使用，否则受训人员很快会失去兴趣。

（二）教员示范

不论是否借助模型和设备，DRM 教员的示范效果都会比单纯的口头解释更加有效。尤其在涉及动作类学习时，教员示范是一种比较有效的培训技术。受训人员跟着教员进行模仿，教员观察受训人员的模仿过程，从中得到信息反馈，了解受训人员理解、掌握的程度，及时纠正指导。

（三）案例教学

案例教学是理论联系实际的桥梁和纽带，是提高学习者解决问题能力的有效手段。案例是实际情境的描述，可包含有一个或多个疑难问题，同时也可包含解决这些问题的方法。为了实现某种教学目的，在案例叙述中也允许虚拟一些情节。案例的编写质量直接影响培训效果，教学过程中的导入、研讨、分析和总结对教员的要求也比较高。

（四）角色扮演

受训人员积极参与模拟场景下的角色扮演也是非常有效的培训技术。该方法是让受训者在一个来源于实际工作的模拟情境中，按照其在实际工作中的权责模拟性地处理工作事物，提高处理问题的能力，考察受训人员针对某问题，采取的实际行动情况。但为角色扮演设计的情景和编制脚本非常耗时。

（五）集体现场观察

在DRM教员的指导下进行集体现场观察，在教室培训之前或者之后进行均可，让受训人员观察有经验的员工在工作环境中执行任务的整个过程，有助于他们理论联系实际实现知识的有效迁移。但要注意集体现场观察不是外出游玩，需要教员认真编制学员观察、讨论的关键要点。

（六）督导实习

在教学涉及工具和设备使用时，使用督导实习是一种提升能力必不可少的培训技术，这种“师傅带徒弟”“以老带新”的培训方法比集体现场观察更能拓宽受训人员的参与深度。为了保证效率，需要为教员编制指导材料，说明如何以有序、严谨的方式带领受训人员学习。

（七）场景模拟（Scenario Based Training，SBT）

场景模拟的培训技术主要是为受训者设计一个高度真实的现场工作场景模拟，让受训学员置身其中，并练习处理其中出现的问题，为以后遇到相关问题提供经验。场景模拟培训可以使受训者更加深刻、透彻地理解课程内容，并在学习过程中发挥主观能动性和创造能力。

以上7种培训技术在实施时，对外界环境的要求是不同的（见表6.10）。一般而言，受训人员参与度越高，对培训环境或支撑性材料要求越高，对教员的授课水平要求也越高，但同时为受训者带来的培训体验及培训效果也更为深刻。

表6.10　不同培训技术的比较

序号	培训技术	特点	环境/支撑材料	成本/实施难度	刺激度
1	口头讲解	以教员为中心	PPT、文本	低	低
2	教员示范	以教员为中心	PPT、文本、模型	低	低
3	案例分析	虚拟地解决问题	案例库	中	中

续表

序号	培训技术	特点	环境/支撑材料	成本/实施难度	刺激度
4	角色扮演	按实际模拟处理问题	情景、脚本	中	中
5	集体现场观察	观察现场实际的工作过程	实际工作场景	高	高
6	督导实习	实地见习，岗位学习，深度参与	实习基地、督导教员	高	高
7	场景模拟	高度真实的模拟场景，练习处理问题	专门场所、实物、模型	高	高

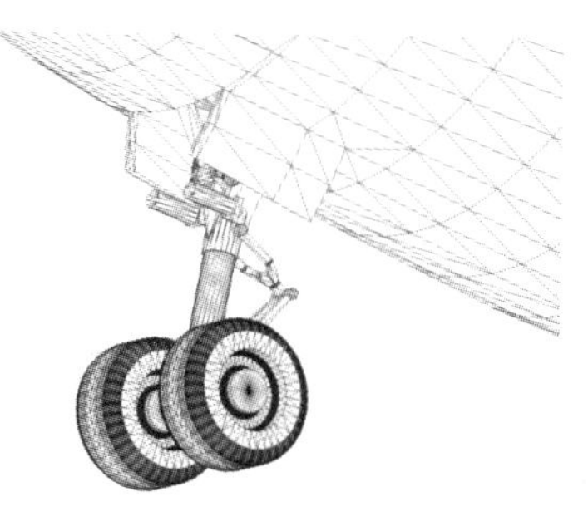

第七章　展望

随着全球航空业的飞速发展，飞行签派员所面临的工作情形日趋复杂，在安全、高效运行上对飞行签派员提出了更高的要求。因此，如何进一步从训练、经历、资质能力、工作绩效、人力资源等方面抓好飞行签派员管理，做到“人尽其才，才尽其用”显得尤为重要。大数据应用、信息化、集约化已经是飞行签派员管理变革的必然趋势。基于胜任力的飞行签派员训练和评估、数据驱动的智能化的飞行签派员资源管理系统应用正是飞行签派员管理变革的集中体现。

第一节　飞行签派员全生命周期架构

近年来，中国民航业快速发展，航空公司运行规模不断扩大、运行链条持续加长、运行环境日趋复杂，对飞行签派员的资质能力提出了更高的要求。为此，必须进一步强化航空公司的主体责任，借助系统化管理方法，完善飞行签派员资质管理体系，实现航空公司对飞行签派员资质的自主管理、自我完善和自我提升，更好地适应实际运行和发展的需求。

众所周知，2020 年 12 月 25 日，《中国民航运输航空飞行员技能全生命周期管理体系建设实施路线图》（简称“PLM 路线图”）正式发布，被作为未来十年的中国民航飞行训练改革蓝图。飞行员技能全生命周期管理体系（Professionalism Lifecycle Management System，PLM）是以岗位胜任力为核心，以实证训练为驱动，以作风建设为牵引，以飞行员核心胜任力以及对职业适应性心理评估的关键证据输入为基础，覆盖飞行员全要素和全周期，一套对人员、技术、设备、规程和数字系统等相关要素进行资质管理的体系。它旨在持续提升飞行员防范“灰犀牛”和“黑天鹅”的能力，其结构如图 7.1 所示。

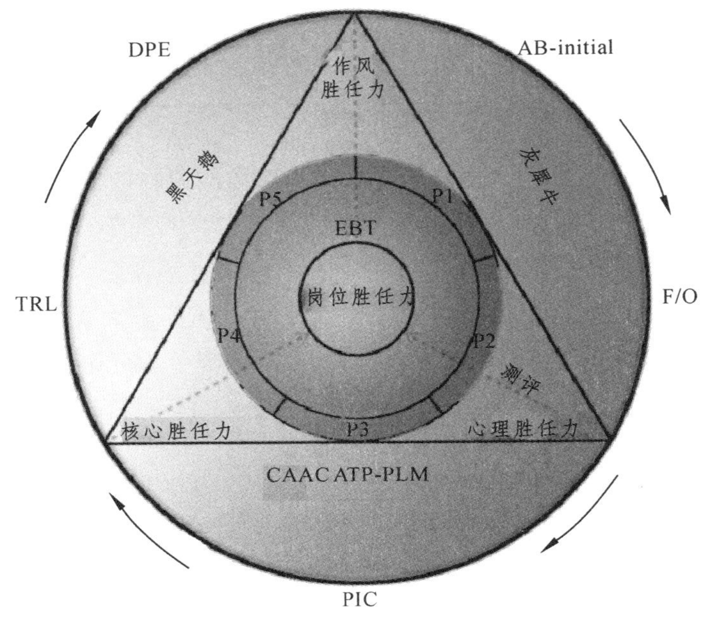

图 7.1　PLM 结构

图 7.1 中飞行员需应对的两种风险（“灰犀牛”与“黑天鹅”）、三个评估维度（核心胜任力、作风胜任力和心理胜任力）、五个实施阶段（初阶、中阶、中阶+、高阶、高阶+）和全生命周期五个形态（学员—副驾—机长—教员—检查员）进行了融合和规划。

同样，签派员训练的核心在于整合签派员的核心胜任力、作风胜任力和心理胜任力三个维度，借鉴飞行员构建胜任力的方法，构建签派员岗位胜任力体系，建立数字化、多维度、全生命周期为特点的胜任力评估模型，丰富签派员“岗位胜任力”的内涵。

前文我们提到“建立基于胜任力的培训与评估体系”时，需要对签派员岗位进行分析，才能定义签派员岗位所需胜任力，建立起相关岗位核心胜任力模型。通过调研发现，国内各航司签派员主要包括新雇员签派员、放单签派员、主任签派员、签派教员、签派检查员、局方委任代表等生命周期阶段，那么针对不同阶段的胜任力需求，应当根据岗位需求和情况开展具体 CBTA 工作，同时要强调绩效表现为导向的训练和评估，强调绩效表现的标准及其衡量，这样才能够将签派员训练按照绩效标准开展有效训练。然而，目前关于 PLM 心理胜任力、作风胜任力的理论、方法、技术的研究还在初级阶段，涉及飞行/签派技术、医学、心理学、计算机科学、数学等多学科交流，需要民航局、高校、多学科部门的共同参与，比如建立心理胜任力评估模型，需要医学、心理学等多学科专家共同参与，才能够制定出科学合理的评估签派员心理素质的评估模型。为此，如何构建心理胜任力、作风胜任力指标体系以及相关的开发测评系统和工具，如何采集数据、制定技术指南等，需要进一步研讨和规划。

循证训练（EBT）是 PLM 中指导训练的方法论，它提出在 QAR 和 LOSA 数据基础上，制订飞行员的循证训练计划，从技术、程序、CRM 多维度来提高飞行员的胜任力。2007 年，IATA 召集 ICAO、国际航线驾驶员联合会、各国民航监管局、飞机制造商、航空公司等百余位专家，累计收集汇总超 300 万条 QAR 数据、9000 多条 LOSA 数据、1000 多份飞行员调查等大量数据，利用“循证”的理念，历时 6 年，于 2013 年前后公布 ICAO 的 9995 文件《循证训练手册》、《循证训练实施指南》和《循证训练数据报告》，从而推出了关于“数据与能力”映射的 EBT 体系。因此，基于胜任力的签派员技能全生命周期培训体系课程的开发与实施，除建立签派员胜任力模型外，还需实现签派员能力评估数字化、系统化。过去，在这种程式化的培训过程中（比如飞行签派员的年度复训），通常会重复性地演练单一事件，已不能有效避免安全风险，需要加强数据在日常签派员全生命周期培训的应用，拓宽数据源。飞行员的 EBT 训练是基于 QAR 与 LOSA 的数据，通过将日常机型运行数据、典型案例、特情处置、行为指标等作为训练样本，结合胜任力模型，导入模拟系统，通过系统模拟仿真为签派员提供情景意识训练，通过对数据进行收集分析，找出签派员培训当中需要重点关注的科目和内容（胜任力的缺失），从而实施以数据为驱动的基于胜任力和证据的签派员训练，全面支撑签派员技能全生命周期管理体系的建设。

一、飞行签派员全生命周期核心概念

FD-PLM（Flight Dispatcher Professionalism Lifecycle Management System）是飞行签派员技能全生命周期管理体系的缩写，飞行签派员全生命周期核心概念包括飞行签派员的核心胜任力、循证、全周期。

（一）飞行签派员的核心胜任力

飞行签派员的核心胜任力即描述飞行签派员如何有效地开展工作以及熟练技能表现的基于工作要求的一组相关行为能力，包括胜任力的名称、描述以及行为指标列表。核心胜任力包含技术性的和非技术性的知识、技能和态度。核心胜任力主要包括 ICAO 定义的飞行签派员核心胜任力框架。

（二）循证

循证即训练和评估应当基于可靠的数据，形成数据驱动。数据既包括运行数据和训练数据，也包括作风评价和心理测评等多源数据。

（三）全周期

全周期即要用一套体系，覆盖飞行签派员职业生涯的全过程，包括参与商业运输航班运行保障全过程和参与运行保障前为获得相应基础能力的资质准备阶段。典型的飞行签派员全生命周期包括：新雇员、运控业务员、初级签派员（包括助理签派员、责任签派员）、中级签派员（包括责任签派员）、高级签派员（包括签派教员、签派检查员、飞行签派检查委任代表）、资深签派员。

在保证飞行运行人员/飞行签派员完成符合局方规定的培训要求之外，通过资格类、在岗类培训提高业务能力，并结合安全、应急、通用类培训，持续提高飞行签派队伍的综合素质水平。

二、CBTA/EBT/DRM/FD-PLM 之间关系

CBTA 是基础理论，从战略层面规定了训练体系建设要基于飞行签派

员内化的能力本质而不是外化的技术表象，为训练目标指明了方向。

EBT 是在 CBTA 的基础上融合循证学理念而发展起来的训练方法论，从战术层面规定了形成训练的良性循环必须依据“实践数据”，并建立数据与能力的映射关系，实事求是地形成闭环管理。

FD-PLM 是对 CBTA/EBT 在中国民航具体实践下的深化和发展，更加全面地描述了飞行签派员核心胜任力应用及评估，在体系和方法论上更为完整，符合学习提升的认知、实践和文化认同的三个层面的要求。其主要特征有：

（1）坚持 CBTA 基础理论，以岗位胜任力为基础支撑。

（2）明确 PLM 三个维度存在交集的区域，分类构建指标体系，避免同一可观察行为的跨维度归因。

（3）扩充 EBT 中 E（实证）的来源和 T（训练）的手段，并以扩展了内涵和外延后的 EBT（实证驱动）为指导训练的方法论。

（4）根据中国特色的管理实践扩展传统胜任力 KSA 三要素中的态度“A”，同时引入自我概念、特质和动机等要素，关联引申至心理和作风。

FD-PLM 涵盖了基于核心胜任力的训练，DRM 是核心胜任力训练的基础之一，其与 FD-PLM 的诸要素之间存在交集，是实施 FD-PLM 建设的战略支点。FD-PLM 是在 DRM 训练基础上的提高，DRM 训练是在 PLM 战略指导下的普及，DRM 训练的普及工作为按阶段推进 FD-PLM 建设准备了必要条件。部分核心胜任力属于非技术性能力，已被提升至与技术性能力同等重要的位置，非技术性能力行为指标可用于评估飞行签派员的 DRM 能力以及接受 DRM 训练的有效性。

三、某航空公司飞行签派员全生命周期架构示例

依据中国民用航空局《大型飞机公共航空运输承运人运行合格审定规则》（CCAR-121）、《民用航空飞行签派员执照管理规则》（CCAR-65FS）、《航空承运人飞行签派员资质管理标准》（AC-121-FS-2016-043-R1）、航空公司运行手册、飞行签派员训练手册、运行控制中心培训管理手册等要求，航空公司针对飞行运行人员/飞行签派员制定运行控制中心岗位人员培训

全生命周期管理。运行控制人员“Y”形发展通道示意如图 7.2 所示，生产运行序列员工发展示意如图 7.3 所示，运控序列员工职业发展路径总览如图 7.4 所示。

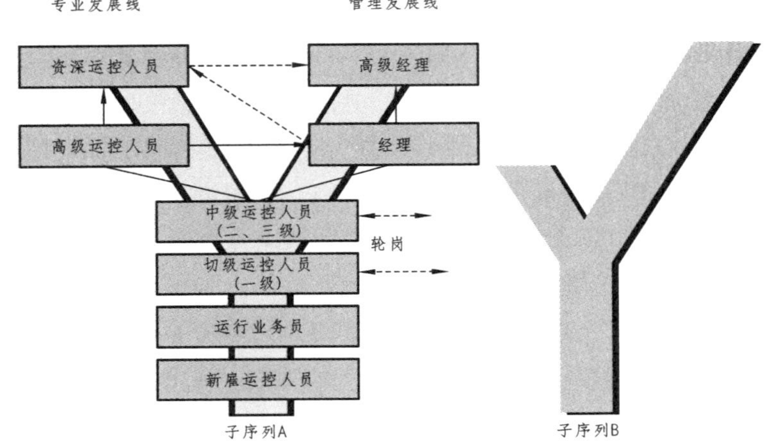

图 7.2　运行控制人员“Y”形发展通道示意

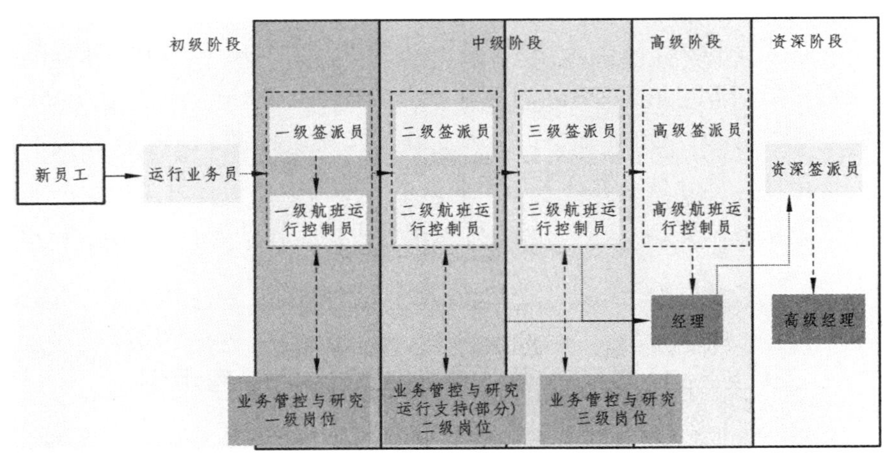

图 7.3　生产运行序列员工发展通道示意

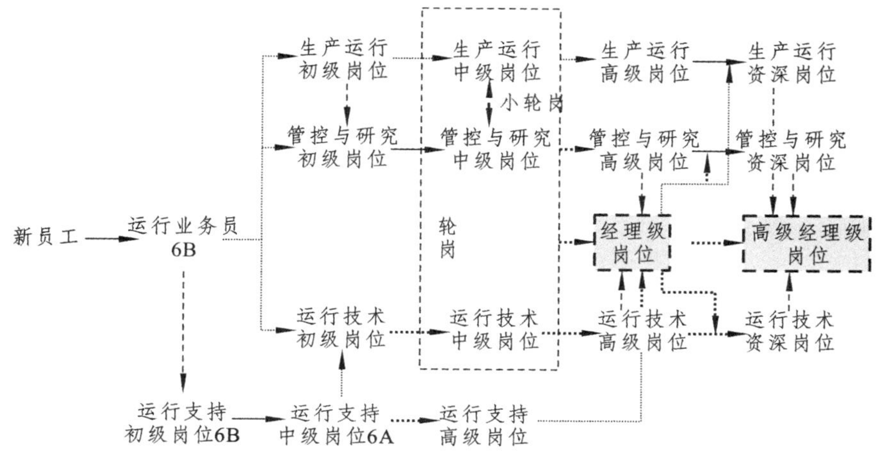

图 7.4　运控序列员工职业发展路径总览

第二节　飞行签派员培训展望

传统签派人员管理，主要使用纸质存档方式人工管理，档案数量多、涉及内容杂，查找和修订费时费力，信息录入与监控全部由培训管理专员负责，工作效率低；执照管理、训练管理、履职能力管理等碎片化，无法对全员形成系统性、周期性管理；以往专业人员训练、培训等无系统支持，无法建立客观、全面的人员能力评估体系；飞行签派员资质评估、人力资源评估等耗时较多，数据由人工处理，效率低且差错率高；原有模式更不利于领导层级直观、具体地掌握签派团队的整体发展情况。

用新技术展开运行之翼，未来的飞行签派员培训开展将基于 CBTA 理念的实践应用，基于全生命周期的飞行签派员资质管理系统的开发与全面应用势在必行。

基于数据赋能的飞行签派员资质管理系统的使用，改善了以往人员资质、训练、考核等培养周期碎片化、难监控的状态：一是实现了飞行签派员执照到期提前预警，有效预防因执照到期引发的安全风险；二是统一了管理培训情况、考试情况，能有效指导飞行签派员的生产排班、培训、学习、考试。进一步健全和优化飞行签派员能力评估机制，通过资质管理系统客观、公正、全面地实现算法分析、作业活动分析、主观负荷测评、客观负荷测评、资质评估等环节，形成基础人力资源评估报告和资质评估报告，最终实现促生产、出效益、保安全的目标。飞行签派员资质管理流程如图 7.5 所示。

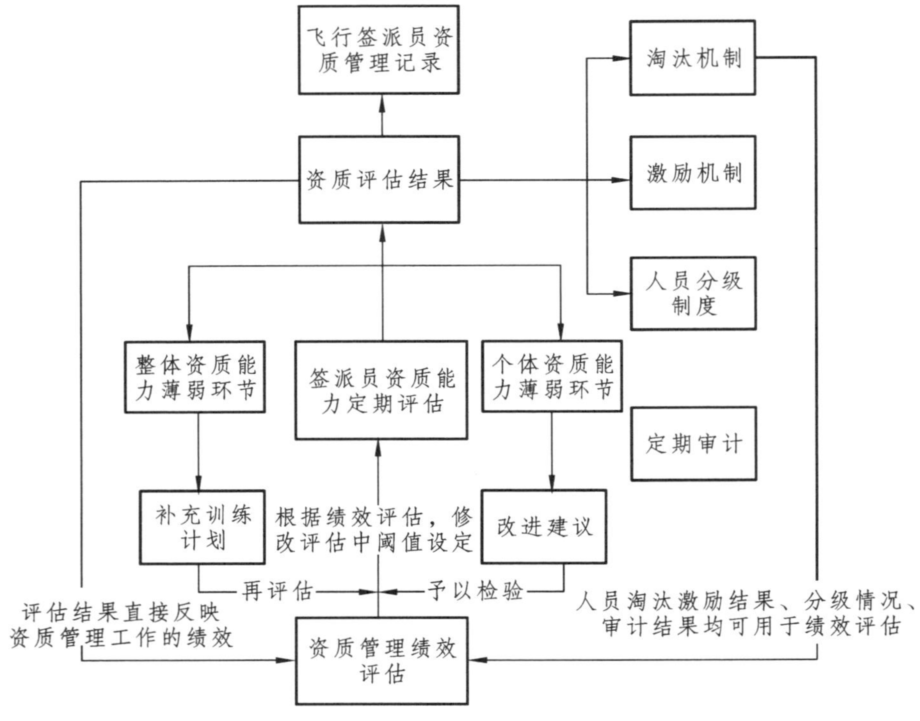

图 7.5　飞行签派员资质管理流程图

目前，中国民用航空飞行学院航空运行教研团队多次组织召开全国航空公司范围的基于能力导向培养的航空运行控制虚拟仿真实验中心建设研讨会，就“基于能力导向的航空运行控制人员培养体系建设”“基于 CBTA 的航空运行控制人员能力评价指标构建”“签派资源管理（DRM）训练虚拟仿真实验平台研发”“基于能力的飞行签派线上课程（ELMS）方案设计”等议题展开分享与探讨。团队依托四川省级虚拟仿真实验教学示范中心针对 DRM 训练改革实施创新性开发虚拟仿真训练平台（见图 7.6），目前系统已完成各功能模块开发并投入使用。

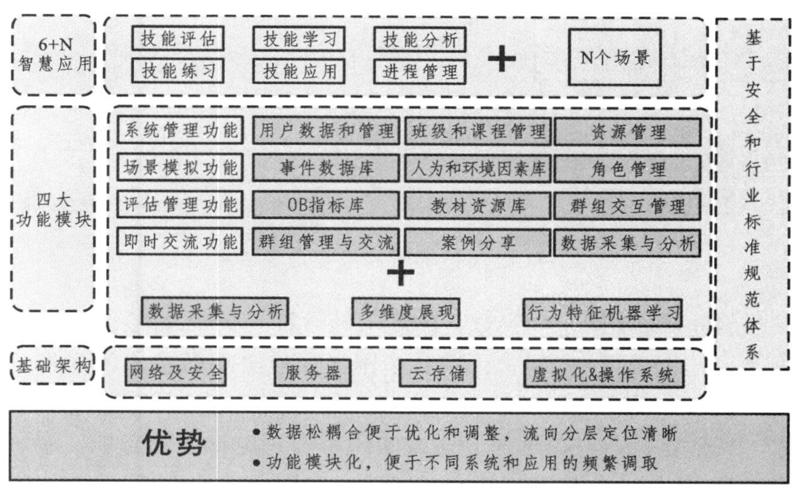

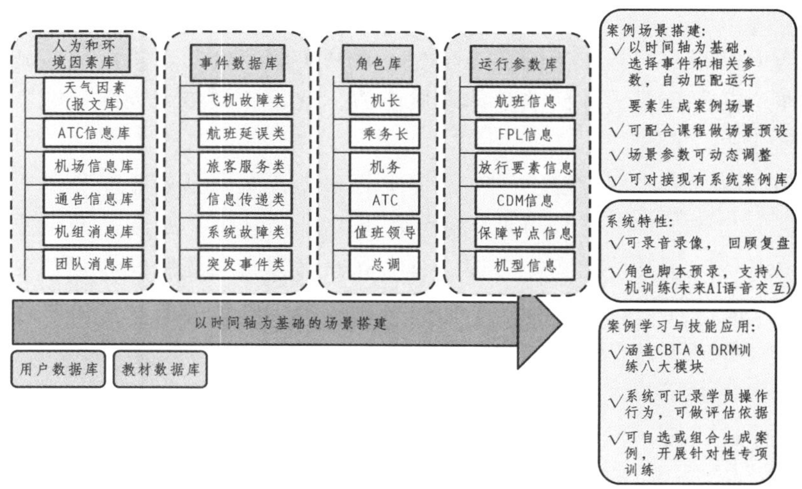

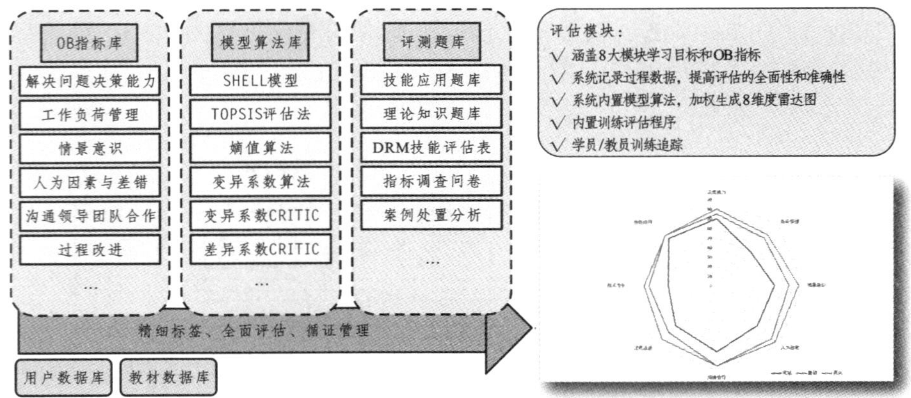

图 7.6　CAFUC 飞行签派资源管理训练平台设计

按照国际民航组织（ICAO）针对飞行运行人员/飞行签派员基于能力的训练及评估（CBTA）理念，结合中国民用航空局新技术的要求，积极利用科技信息手段将运控部门的人事、档案、资质、能力建设等常态信息电子化、数据化，通过数据驱动方式实现了与民航标准的对标，实时展示了当前签派团队人员配置情况,及时准确地判别出当前签派工作中的不足，为品质化签派管理提供了完整的、准确的、透明的基础数据，切实从组织、管理的角度指导签派资质管理工作,确保签派员的全生命周期的有效管控。

目前国内外关于航空公司签派员胜任力模型的研究仍处于起步阶段，建立基于 CBTA 的签派员胜任力模型，有利于航空公司对签派员实施精细化管理，提升签派员队伍的整体素质能力，改善签派传统训练效能，从而促进航空运行安全。

2019 年，中国南方航空运行指挥中心率先在国内开展签派员基于胜任力的培训与评估体系（CBTA）的研究建设，对南航签派员关键岗位建立胜任力模型，通过情景实操考核、行为观察等方式实施胜任力评估，并针对性地开展胜任力提升培训，从而对签派员基于胜任力的培训体系进行初步探索，形成了自己独有的研发经验。

此次基于 CBTA 的签派员评估及结果分析,是紧紧围绕 ICAO 最新内容和指导进行的，但也存在胜任力模型要素缺失、对岗位胜任力的理解存在偏差、数据采集困难、教员能力不足、未关联员工绩效管理以及评估与培训存在断裂等诸多问题和挑战。我们将持续探索、优化完善签派员评估机制，通过训练内容和目标结构逐步实现签派员训练的量体裁衣与精细化管理，为此我们需继续做好以下工作：

（1）岗位知识地图：根据岗位职责，建立岗位知识地图，将岗位任务分解为具体的知识（K）、技能（S）、态度（A）三个维度，优化完善签派员胜任力模型。

（2）模拟训练场景库：提取岗位风险点和典型场景，建立场景库，建立培训素材和评估脚本；同时将模拟场景模块化，不同的能力匹配不同的场景分析，使签派员结合场景更有针对性和侧重性地训练相应能力，提高培训效率。

（3）教员培训标准化：定义教员能力框架和评分标准，从而进行教员能力评定，而后对教员进行标准化培训，收集培训数据后进行培训效果审查。

（4）数据驱动：建立签派个人运行数据库（计划系统、监控系统、安全自查、事件调查数据等），尝试数据驱动型培训。

（5）建立数字标准化管理系统：传统人工评判存在主观、不统一等现象，故首先需制定数据标准；其次需建立计算机数据系统，记录部门开展的 CBTA 评估和训练结果，纳入签派员的资质管理系统，引导培训方向。同时形成检查—培训—评估或运行—培训—运行的闭环式管理，刻画科学的飞行签派员能力画像。

未来航空业的发展趋势是数字化、智能化，未来签派员培训模式也应与时俱进，以数字化促进签派员培训体系建设，故需要加大签派员培训的科技创新力度。在签派员培训中基于场景训练，以签派员胜任力数据为驱动，应用云计算、5G、VR、AR、AI 等新趋势和新技术，建立培训数据系统、教学反馈体系，实现信息驱动的培训—绩效管理，同时开展国际先进经验交流合作项目，充分利用国家重点实验室等平台，建立签派员技术、心理学、计算机科学等多学科交叉实验项目，加强国内外培训经验协作，引领行业发展，全面提高航班运行安全水平。

附录 A　先修课程学习目标（节选）

先修课程学习目标：航空法规

国际法

——阐述下列术语在民用航空中的应用：

- 主权；
- 领土、公海（根据《联合国公海公约》)。

——阐述国际民用航空组织大会、理事会和航行委员会及其相应职责(《国际民用航空公约（DOC 7300)》，第二部分国际民用航空组织)。

——阐述国际民航组织出版物的层次结构（国际标准与建议措施、文件)：

- 公约的附件；
- 文件；
- 通告。

公约和协定

——阐述两种航空技术自由。

——阐述三种航空商业自由。

——阐述导致关于危害民用航空安全的非法行为的各项公约及其附录的事实。

国际私法

——阐述与行李毁坏、丢失、损坏或延误有关的赔偿责任限额。

——阐述涵盖航空器对地面人员和货物的赔偿责任的公约和议定书的含义。

——阐述有关承认航空器权利的规则以及有关航空器预防性扣押规则的含义。

国际、地区和国有组织以及相关法规

——阐述国际民航组织与其他组织、区域和国有组织的关系和协调。

——阐述区域或国有规则制定系统的组织结构和目标。

——阐述国家民航局的职能。

——阐述 IATA 的组织结构和目标：

- 航空器和乘客处理标准；
- 数据交换和接口的标准；
- 危险品规则的标准；
- IATA 运行安全审计；
- 航空公司的游说能力；
- 培训。

——阐述区域/国际合作“单一天空”（即欧洲单一天空）的目标。

——阐述区域空中交通容量管理组织的目的，并阐述与运营人的通信方式。

——阐述本地或区域性飞行计划[即欧洲的初始飞行计划处理系统（IFPS）]数据交换的目的和处理方法。

——阐述基于区域飞行计划和流程控制数据处理的一般信息内容。

国际组织和规则制定过程

——阐述为规则制定过程而设立的国家/区域职能。

——列举与航空器运行和运营人审定有关的规则。

——航空器的国籍和登记标志。

一般空中规则

——阐述条约适用的空间范围以及遵守 ICAO 附件二《空中规则》的情况。

——阐述在飞机上按照《空中规则》安全运行的主要责任。

——阐述在什么情况下可允许偏离《空中规则》。

空中交通服务规范

——定义飞行高度层。

——区分高度和飞行高度层。

——阐述提交空中交通服务飞行计划的要求。

起飞、着陆和进近

——列出仪表进场和离场程序设计的影响因素。

——解释“直线离场”和“转弯离场”。

——阐述当不能使用公布的离场程序时运营人的责任。

等待

——平行或近乎平行的仪表跑道上同时运行。

——区分独立和非独立的平行进近。

——阐述在何种情况下可进行平行仪表进近。

空中服务和空域

——阐述空中交通服务的三种基本类型。

——阐述航空器从一个空管单位转到另一个单位的标准程序。

——说出提供 ATC 服务的 ATS 单位名称（地面管制、塔台管制、离场管制、区调管制中心、进场管制）。

航空情报报送

——列出飞行中的航空器可获得的气象信息来源。

——解释自动终端信息服务（ATIS）、飞行中的气象信息（VOLMET）的含义和应用。

——描述在机上进行特殊气象观测的信息/数据传输，即重湍流、风切变、结冰。

告警服务

——阐述当飞机被认为处于紧急状态时，应由负责的 ATS 单位立即通知哪个单位。

——阐述紧急状态的三个阶段，并说明每种紧急状态的基本条件。

——阐述航空器处于紧急状态时，附近航空器信息的限制条件。

水平导航（LNAV）程序

——区分 RNAV 和 PBN 的概念。

——阐述 RNP 4、RNP 1 等词语的含义。

——阐述影响 RNAV/RNP 类别定义的因素。

垂直导航程序

——区分非精密进近（NPA）和精密进近（PA），并说出界定 NPA/PA 的影响因素。

——阐述用于垂直导航的概念。

- 滑行路径；
- 气压/DME；
- GNSS。

——从信号处理和关于着陆最低标准精度来区分这些方法。

空中交通管理

——阐述 PANS ATM、PANS MEDICAL、DISTRESS、URGENCY 的功能和含义。

——阐述空管单位发出的许可是否包括防止与地面相撞。

——阐述在飞行情报区内、管制空域内和管制机场提供飞行情报和告警服务的责任。

空管分离和放行许可

——阐述在空管单位控制下飞行时，有责任遵守适用的规则和条例。

——说出空管单位签发放行许可的主要目的。

——阐述 VHF 和 HF 频段的无线电传输的质量和范围。

航行情报服务（AIS）和出版物

——阐述航空信息服务的目标。

——阐述航空信息服务的主要目的和内容，包括补充内容。

——区分 AIP 修正、AIP 补充和航行情报规则及管制（AIRAC）。

机场的设计和运行

——阐述与飞行操作有关的机场数据。

——阐述以下术语：导航精度、导航仪故障、导航仪设备的可靠性、数据质量、循环冗余检查。

——阐述应在何处设置 RWY 指定标志。

附件 9——简化手续

——说明航空器运营人提供一般声明的目的。

——阐述对从事国际航空运输的机组人员和客舱服务员使用机组成员证书的原因。

——列举乘客及其行李离境和入境所需的文件。

搜寻救援（SAR）

——提供以下定义：告警阶段、遇险阶段、紧急阶段、运营人、飞行员、救援协调中心、登记状态、不确定阶段。

——阐述缔约国应如何安排建立和迅速提供搜救服务。

——阐述缔约国建立搜救区域和缔约国建立的服务。

安全保卫

——定义下列术语：飞机侧/舷侧、飞机安全检查、安检、安全控制、安全限制区和不明的行李。

——阐述安保的目标，并将安保与安全区分开来。

——根据国际标准说明一般安全任务。

飞行安全、事故和事故征候

——提供以下定义：事故、航空器、飞行记录仪、事故征候、调查、最大质量、严重事故、重伤、设计国、制造国、发生国、运营人国、登记国（见附件 13——飞机事故和事故征候调查）。

——区分事故征候、严重事故征候和事故。

——阐述向有关民航局提交报告的规则。

ATS 飞行计划（FPL）

——摘录空管飞行许可证（PANS-ATM，4444 号文件）的条目，特别是以下内容：

- 飞机识别（项目 7）；
- 飞行规则和飞行类型（项目 8）；
- 飞机数量和类型以及尾流类别（项目 9）；
- 设备（项目 10）；
- 出发机场和时间（项目 13）；
- 航线（项目 15）；
- 目的地机场、总飞行时间和备降场（项目 16）；

- 其他信息（项目 18）;
- 补充资料（项目 19）。

先修课程学习目标：飞行性能

认证标准

——根据区域/国家认证规范 CAR 23，即 CS/FAR23，说出适航性和飞行性能要求。

——根据 CAR 25（即 CS/FAR 25）说出大型运输机的附加航空器认证要求。

运行规则

——根据区域/地方 OPS 条例，解释国际民航组织有关飞机性能的操作标准。

——根据地区/地方 OPS 条例，命名和定义商业航空运输的性能等级。

一般性能理论

——确定稳定爬升和下降飞行过程中的力。

——解释“所需推力/功率”和“可用推力/功率”曲线。

——定义“可用起飞滑跑距离（TORA）”“可用起飞距离（TODA）”“可用加速停止距离（ASDA）”。

影响性能的变量

——阐述影响飞机性能的因素，特别是：

- 温度；
- 空气密度；
- 风；
- 飞机重量；
- 飞机配置；
- 飞机防滑系统状态；
- 飞机重心；
- 机场道面；
- 机场跑道坡度。

——解释临界（多机）发动机不工作对总阻力和由此产生的所需功率的影响。

——解释发动机故障对可控性的影响。

CAR 25（即 CS/FAR 25）下的 A 类起飞性能

——阐述飞机在一台发动机不工作状态下起飞时影响飞机的基本力：

- 纵向加速或减速；
- 在一台发动机失效的情况下，进一步加速后的偏航；
- 升空后的垂直加速度。

——解释制动能量和轮胎速度限制对起飞性能的影响。

——定义下列距离：

- 全发起飞和一发失效起飞；
- 全发起飞距离和一发失效起飞距离；
- 全发加速停止距离和一发失效加速停止距离。
- 起飞距离

——阐述在规定的条件和配置下，全发运行时的起飞距离和一发不工作的起飞距离。

——阐述使用净空道对所需起飞距离的影响。

——阐述 V1 对起飞距离的影响。

加速停止距离

——阐述在规定的条件和配置下，所有发动机工作和一个发动机不工作的加速停止距离。

——阐述使用停止道对所需加速停止距离的影响。

——阐述使用刹车、防滑、反推力、地面扰流板或升降倾斜车、制动能量吸收限制、延迟温升和轮胎限制的情况。

平衡场长概念

——定义平衡 V1 一词。

——阐述平衡 V1 条件下起飞距离、加速停止距离的关系。

——阐述平衡 V1 的优点。

起飞爬升

——界定实际起飞航路的各航段。

——阐述飞机构型、速度、倾斜角和气象变量对起飞爬升限制的影响。

——阐述在爬升性能受限的情况下，增加 V2（改善爬升）的优势。

障碍物限制起飞

——根据发动机的数量，说明额外的爬升坡度要求。

——阐述净航路加上附加坡度要求即为实际航路。

——阐述障碍物限制起飞重量受飞机和气象变量的影响。

性能限制下的起飞重量

——定义性能限制下的起飞重量。

——区分干、湿和污染跑道的影响。

——阐述使用不同的起飞襟翼来优化性能限制下的起飞重量的优缺点。

使用减少和降低推力

——阐述可以和不可以使用减推力的条件：

- 跑道污染；
- MEL 项目。

——阐述使用减推力和减推力对起飞速度、起飞距离、爬升和障碍物性能的影响。

爬升和下降

——区分在 IAS 和马赫数不变的情况下爬升或下降的效果。

——阐述喷气式飞机的标准爬升和下降速度与交叉高度的关系。

——阐述飞机质量对爬升率（ROC）的影响。

巡航

——根据具体航程和自动速度控制能力，区分最大航程巡航和长航程巡航。

——阐述飞机的重心位置和实际质量对航程和续航力的影响。

——阐述气象变化对航程和续航力的影响。

成本指数

——阐述成本指数是时间成本与燃料成本的关系。

——说出可变时间成本要素的例子：

- 机组加班；
- 额外装卸服务的成本；
- 延误成本。

——将 ACMI 成本命名为资源生产率的指标。

飘降

——将地区/地方 OPS 条例中规定的最小障碍物离地高度作为飘降的影响因素。

——说出飘落时的基本程序：

- 减速到最佳的一个发动机不工作的速度（飘降速度）；
- 下降到一个发动机不工作的水平高度。

——阐述影响飘降性能的因素：

- 环境温度 OAT；
- 配置；
- GW。

基于 CAR 25 的进近和着陆

——阐述进近爬升比着陆爬升的限制更大。

——阐述发动机性能是进近爬升的限制因素。

——将演示的着陆距离表示为 50 英尺参考高度的着陆距离。

快速调转方向限制

——根据着陆和起飞之间的最小冷却时间控制的最大制动能量限制，说明快速调转方向限制。

——说明制动器温度指示对于快速调转方向的决策非常重要。

——如果制动器温度指示失败，说明可适用的标准程序的结果。

先修学习科目：导航

通用导航基础知识

——定义术语“最高点”。天空中垂直于观察者头顶的点。

——说明地球不是一个真正的球体。它在极点处略微变平。

——说明由于飞行轨迹变化率，导航系统在高纬度的局限性。

纬度，纬度差

——定义地理纬度和经度。

——计算同一个经度上位置的纬度差。

——把纬度差换算成距离。

时间和时间转换

——解释时区的规定。

——说明地球在 24 小时内自转 360 度。

——说明格林尼治子午线的当地平均时间被选为格林尼治平均时间（GMT），相当于世界协调时（UTC）。

日出、日落和民用暮色的测定

——说明日出（SR）或日落（SS）是当太阳的上边缘在观察者的视野水平面上方 6° 。

——说明大气折射如何影响这种明显的视觉效果。

——说明日出和日落发生在同一子午线的不同时间，取决于给定时间的纬度。

方向

——说明所有经络都是沿南北方向运行的，而真北方向是沿任何经络向地理北极运行的。

——说明真方向被命名为航迹，并按顺时针方向测量为一个角度，从真北（TN）。

——说明自由悬挂的罗盘针将转向局部磁场的方向。该场水平分量的方向为磁北方向（MN）。

距离

——命名用于导航的距离和高度单位：海里、法规英里、公里、米和英尺。

——定义海里：1 海里距离等于 1.852 公里。

——在地图/图表中，两个位置之间的距离是沿着平均纬度的子午线测量的，其中一分的纬度等于 1 海里。

图表

——定义图表的比例尺。图表长度与它所对应的地球距离。

——使用图表的比例来计算特定的距离。

——定义原点的平行。投影面接触还原地球表面的平行。

位置

——以 VOR/DME 站的范围和轴承在图表上输入位置，并导出地理坐标。

——使用地理坐标在图表上输入位置，并导出轨道和距离。

——在航空图表上绘制 DME 范围，并导出地理坐标。

轨道、航向、航向、距离和速度

——给定两个位置测量轨道和距离。

——定义速度矢量三角形。比如：真实航向/TAS，W/V 和真实航向（轨道）/GS。

——解释向量的概念，包括在多个方向上相加或拆分。

飞行导航

——根据观察到的修正项和修正的地面速度计算预计到达时间修订。

——给定相关的作战飞行计划数据计算缺失的数据。

无线电导航的基础

——说明无线电波以光速传播。

——说出低频和高频传输的功能、优缺点。

——说明电离层中的层可以反射或吸收无线电波，其深度随太阳黄道的变化而变化。

导航无线电辅助设备 NDB 和定位信标

——定义缩写 NDB，无方向信标，作为系统的地面部分。

——定义 ADF 自动定向仪是系统的机载部分。

——说明国家开发银行在低频和中频频段运作。

导航无线电辅助设备：甚高频全向信标 VOR

——说明 VOR 在甚高频波段工作。

——说明 VOR 站与磁北有关。

——说明 VOR 信息相对于其他导航辅助设备的优势/劣势。

导航无线电辅助设备：测距仪 DME

——说明 DME 测量的距离是倾斜范围。

——描述使用 DME 的位置线是一个以站台（VOR/DME 或 VOR/TACAN）为中心的圆圈。

导航无线电辅助设备：仪表着陆系统 ILS

——定义使用标记信标和/或 DME 来识别沿 ILS 滑行路径的预定距离。

——说明 CAT Ⅰ、CAT Ⅱ 和 CAT Ⅲ ILS 的精度要求越来越高的原因。

——说明 ILS 关键区域和对低能见度运行的影响。

导航无线电辅助设备：雷达

——说明主要雷达提供目标的方位和距离。

——说明一次地面雷达用于探测没有配备二次雷达应答器的飞机。

——列举天气雷达在天气和导航方面的两项主要任务。

区域导航系统 RNAV/飞行管理系统 FMS

——说明基本 RNAV（B-RNAV）系统需要 RNP5。

——根据基于性能的导航（PBN）手册（Doc 9613）定义所需导航性能（RNP）的基本原则。

——说明 RNP 是一个适用于空域内导航性能的概念。

飞行管理系统 FMS 和数据库

——说明飞行管理系统有能力监测和指导飞行的导航和性能

——说明 FMS 功能 LNAV（横向导航）和 VNAV（垂直导航）。

——说明导航数据库可能包含来自运行人员路线手册的所有数据。

全球导航卫星系统（GNSS）

——说明所有三个系统（将）都由一组卫星组成，可由配备适当设备的接收器用来确定位置。

——说明全球定位系统使用 WGS84 模式（1984 年世界大地测量系统）。

——说明卫星正在使用非常准确的时间参考。

卫星增强系统

——说明地基（GBAS）和天基增强系统（SBAS）测量全球导航卫星

系统传输的信号误差，并将测量的误差转发给用户进行校正。

——声明基于GPS的GBAS有时被称为基于空间的增强系统(SBAS)。

——说明具有增强系统的全球导航卫星系统可以提供垂直引导和精确引导的接近和着陆程序。

学习目标的前提：航空人的因素

事故分析

——给出与其他运输工具相比商业航空事故率的估计。

——一般地说明由人为因素造成的飞机事故的百分比。

——说明飞行安全在了解事故和事件的原因和类别方面的重要性。

飞行安全概念

——命名在驾驶舱外部错误产生的三个来源。

——说明内部和外部因素在错误产生方面的区别。

——解释威胁和差错管理模型（TEM）的三个组成部分。

威胁和差错管理

——解释并举例说明可预测的威胁。

——解释并举例说明程序上的差错。

——说出内部错误产生的可能来源。

安全文化

——区分“开放文化”和“封闭文化”。

——说明安全文化如何由民族文化反映出来。

——识别并解释飞行机组和管理之间的相互影响在飞行安全中是一个影响因素。

压力和压力管理

——说明人在低/超负荷工作中的影响。

——说出压力是累积的，并且一种情况下的压力可以转移到另一种不同情况。

——说出成功完成一项充满压力的任务，当将来出现类似情况，所体验到的压力将会减轻。

风险评估与决策

——说明个人风险评估所基于的因素。

——解释在决策策略上风险评估，承诺和时间压力之间的关系。

——描述有关决策的主要人为属性。

沟通

——描述非言语沟通的一般方面。

——说出并解释有效沟通的主要障碍。

——举例说明由于沟通不足而引起的误解。

身体节律和睡眠

——说明体温的昼夜节律对个人行为标准的影响，以及个人睡眠方式的影响。

——说明在跨时区后，对新的当地时间体系，身体节律对其进行调整的时间公式。

——说明疲劳风险管理过程中的相关因素（即之前的休息时间，相关基地之前的时区，环境条件，当地起飞时间，飞行中休息）。

人工信息处理

——定义“过度警觉”。

——识别可能影响警觉状态的因素。

——说出影响人注意力水平的因素。

团队、小组和领导

——解释团队中角色和规范的功能。

——说出在团队情况下不同人员承担的任务。

——总结一些态度和行为的例子，如果团队成员中普遍存在这种态度和行为，则可能代表会危害飞行安全并且代表着这种态度很危险。

必备的学习目标：飞机常识和仪表

系统设计，载荷，应力，维护

——说明疲劳现象。

——说明目视参考的必要。

——对于所有相关飞机系统组成部分：译解相应的最低设备清单/构型偏离清单项目并描述对飞机运行的后果。

液压系统

——说明在考虑压力的情况下液压流体被认为不可压缩。

——说明液压系统的工作原理。

——说出液压飞机系统的主要使用对象。

起落架

——说明前轮转向的工作原理。

——说明如何启动刹车装置。

——说明防滞系统的工作原理。

主飞行操纵

——说明全动力操纵系统的基本原理。

——说明全动力操纵系统中安定面配平系统的工作原理。

——说明全动力操纵系统中方向舵和副翼配平的工作原理。

辅助飞行操纵

——定义辅助飞行操纵一词。

——说明辅助飞行操纵作动方法和作动能源。

——说明各种辅助飞行操纵面的限制速度要求。

气动系统

——说明燃气涡轮发动机飞机可能的引气源如下：

- 发动机；
- 辅助动力装置；
- 地面电源。

——区分气动系统设计和全电动系统设计。

——说明全电能供应的优缺点。

空调系统

——说明一般情况下湿度不受控制。

——说明当座舱高度超过 10000 英尺时，告警系统的要求。

——说明快速失压和缓慢减压的后果和所需采取的行动。

除冰、防冰

——说明除冰、防冰的概念。

——明确避免飞机积冰的飞机部件的名称。

——说明不同类型的防冰/除冰系统(气热防冰,电热防冰,液体防冰)。

燃油

——说明这些燃料的主要特点，并给出典型的燃点、冰点和密度。

——明确“不可用燃油”的定义。

——明确燃油冻结的定义。

供电

——明确静电的定义和静电放电的原因。

——明确频率、电压和安培的定义，并说明其测量单位。

——说明恒速传动装置/整体传动发动机在飞行过程中发生机械故障的原因和后果。

发动机

——说明涡轮喷发动机、涡扇发动机和涡桨发动机如何产生推力。

——说明燃烧室的用途和基本工作原理。

——说明涡轮的工作原理。

设备

——说明雨刷和防雨剂的作用。

——说明驾驶舱供氧系统的基本工作原理。

——说明乘客氧气面罩自动或手动落下的原因。

大气数据参数

——明确静压、总压和动压的定义，并说明它们之间的关系。

——说明静温必须由飞机空气数据计算系统计算（大气数据惯性基准组件）。

——说明不同温度与马赫数之间的关系。

迎角的测量

——高度表。

——知道用于高度表的单位名称：

- 英尺；
- 米。

——从运行手册中找出高度表校正的例子。

垂直速度指示器（VSI）

——明确用于垂直速度指示器的两个单位的名称，并说明它们之间的关系：

- 米每秒；
- 英尺每分钟。

空速指示器

——明确指示空速、当量空速和真空速的定义，并说明这些速度之间的关系。

——明确指示空速的功能。

——明确真空速的功能。

大气数据计算机（作为惯性参考系统的一个模块）

——列出以下可能的输入数据名称：

- 静压；
- 全压；
- 总温；
- 迎角；
- 襟翼和起落架位置。

——明确以下输出数据的名称：

- IAS：指示空速；
- TAS：真空速；
- SAT：静温；
- TAT：全温；
- 马赫数；
- 迎角；
- 飞机姿态；
- 垂直速度；

- 最大操纵速度/最大马赫操作速度。

磁部件，磁罗盘和磁活门

——描述地球的磁场和磁铁的性质。

——说明飞机磁场状态的原因，并解释它是如何影响指南针指示的准确性。

陀螺仪

——说明陀螺作为惯性参考系统的一部分的功能。

——陈述惯性导航的基本原理。

——说明惯性导航系统可以是一个独立的系统或大气数据集成计算机。

自动飞行控制系统

——从最低着陆标准和飞行员工作负荷的角度说明，自动飞行断开情况下的后果。

——明确作为自动着陆的操作限制的风分量名称。

——陈述自动油门断开的后果。

通讯系统

——说明数据链传输系统的功能。

——说明甚高频、高频和卫星通讯设备可用于语音通信和数据链传输。

——说明通讯能力应满足特定 RNP/ATM 航线的具体要求。

飞行管理系统

——说明飞行管理系统 （FMS） 的功能。

——说明导航数据库和飞机数据库的功能，并说明更新周期和程序。

——说明自动无线电导航和调频（通信、导航）。

警戒和接近系统

——说明在告警系统中断的情况下操作的可能后果。

——使用无线电高度表信息定义系统。

——说明跑道感知和咨询系统的功能。

驾驶舱用户界面和显示

——区分与多功能、可靠性和冗余相关的不同接口和显示技术（机械设备、CRT 和显示器）。

——定义由电子飞行信息系统（EFIS）或飞机电子集中监视(ECAM）显示的飞机系统信息和状态项。

——说明电子飞行包 （EFB）的目的、典型数据和功能。

维护、监控和记录系统

——说明维修、监控和记录系统的基本功能。

——说明驾驶舱语音记录器（CVR）和飞行数据记录器 （FDR） 的用途。

——定义 CVR 录制的语音通信:来自飞行驾驶舱的音频、无线电电话、公共广播、对讲机。

先决条件学习目标：气象学

大气、组成、范围、垂直划分

——根据温度随高度变化绘制大气的垂直分布。

——说明从两极到赤道的飞行高度层和对流层顶温度的变化。

——指示季节性对流层顶飞行高度层和大气压力的变化。

空气温度、定义和单位

——说明对流层和平流层中温度的垂直平均分布。

——提及对流层中空气随着海拔升高而冷却的一般原因。

——在指定高度层计算温度和 ISA 偏差。

逆温的发展，逆温的类型

——说明发展和逆温的类型。

——说明逆温和等温层的特征。

——比较起飞和进近的飞行危险与单独强逆温和强逆温结合标记风切变相关的飞行危险。

大气压力和密度

——定义大气压力和大气密度。

——定义 QNH、QFE。

——说明在非 ISA 条件下，QNH 和海平面压力之间的不同。

国际标准大气

——说明大气的标准值的使用。

——定义 ISA 的主要值（平均海平面的压力和温度）。

——计算给定飞行高度层的标准温度（以摄氏度为单位）。

高度法

——说明过渡高度、过渡高度层、过渡夹层、地形许可、最小可用飞行高度层等术语。

——定义与高、高度、压力高度和飞行高度层相关的高度表拨正值。

——说明在不同高度表拨正值时地面上飞机高度表的读数。

风

——说明气象学中风的测量方式。

——说明急流的定义最小速度以及急流尺寸的典型数据。

——区分垂直空气块运动的强度类别（CAT）。

湿度

——说明气象中在大气的水蒸气的重要性。

——定义相对湿度。

——说明温度、露点和凝结的关系。

云和雾

——在简单图表（温度、压力、湿度）中绘制云底和云顶。

——在不稳定的空气条件下定义积云类型及其对航空飞行运行的影响。

——说明辐射雾、对流雾、锋面雾、山地雾、蒸汽雾的发展和消散条件。

降水

——说明有利于降水过程的大气条件。

——说明形成冻雨的机制。

——说明导致冻雨的天气状况。

空气块和锋

——说明在暖锋中云、天气、地面能见度和航空危险。

——说明在静止锋或准静止锋中中云、天气、地面能见度和航空危险。

——说明锋面运动和压力系统以及中纬度低气压的生命周期。

压力系统

——说明形成热带风暴所需的条件。

——说明热带风暴在其生命周期内如何移动。

——说明热带风暴及其附近的气象状况。

气候

——说明由 NE 和 SE 信风（ITCZ） 边界的收敛引起的对流云结构的形成。

——说明与 ITCZ 相关的飞行危险。

——定义季风这个术语的一般意义。

结冰条件

——总结飞机在飞行和地面发生结冰的一般条件（外部空气的温度；机身的温度；云中存在过冷水、雾、雨和毛毛雨）。

——说明国际民航组织关于结冰强度的资格条款[见空中航行服务程序——空中交通管理（Doc 4444）]。

——说明一般结冰的危险和不同类型的结冰的危险。

湍流和风切变

——说明湍流对飞行中飞机的影响。

——说明 CAT 对飞行的影响。

——说明风切变对飞行的影响。

雷暴和龙卷风

——定义指示雷暴发展的云类型。

——说出雷暴生命史的阶段：初始、成熟和消散阶段。

——评估雷暴的平均持续时间。

飞行危险

——说明山地地形对云和降水的影响。

——说明山区典型的垂直运动、风切变和湍流。

——说明因降水造成的能见度降低：毛毛雨、雨、雪。

气象信息

——指明当前天气的观测手段（自动化和人类观测）。

——说明例行空中报告和特别空中报告。

——说明飞行员作空中报告的义务。

先决学习目标：载重平衡

对于结构限制的重要性

——比较了重心位置与飞机稳定性/可控性、失速速度和阻力之间的关系对实践的影响。

——列出重心在前向极限前面的影响:增加纵向稳定性，降低可控性，失速速度增加。

——列出当重心低于后限值时的影响:降低静态纵向稳定性，增加可控性，失速速度降低。

质量术语

——定义以下质量术语:

基本空载质量;

干运行质量;

运行质量;

起飞质量;

着陆质量;

坡道/滑行质量;

飞行质量（总质量）;

零燃料质量。

负载术语（包括燃油术语）

——定义、解释以下负载术语对实际的影响:

有效载荷/交通载荷;

轮挡燃油;

滑行燃油;

起飞燃油;

航程燃油;

储备燃油(应急、备降、最终备用和附加燃油);

额外燃油；

附加的燃油。

——根据给定的其他组件计算特定组件的质量。

——将航空中使用的不同单位的燃油质量、体积和密度进行换算。

质量限制，结构限制

——定义，比较和列出以下结构限制对实践的影响：

最大零燃料质量；

最大坡道/滑行质量；

最大起飞质量；

最大飞行(总)质量；

包含外部负载的最大飞行（总）质量；

最大着陆质量。

性能和法规限制

——定义以下性能限制：

性能限制起飞质量；

性能限制着陆质量；

规定起飞质量；

规定着陆质量。

货舱限制

——说明，提取和列出下列货舱限制对实践的影响：

最大基地负荷（每单位面积的最大负荷）；

最大运行载荷（每单位机身长度的最大载荷）。

质量计算

——计算由最大允许起飞质量限制的允许交通载荷与允许燃油载荷。

——计算由最大允许着陆质量限制的允许交通载荷与允许燃油载荷。

——计算由最大零燃料质量限制下的允许交通负荷。

重心的定义

——列出在哪里可以找到飞机的重心限制。

——说明以距离基准或其他参考点表示重心位置的不同形式。

——提取干使用重量（DOM）、最大零燃料重量（MZFM）、最大着陆重量（MLAM）和最大起飞重量（MTOM）的 CG 范围%MAC。

客货舱的详细信息

——从给定的样本文件中提取适当的座位方案、舱室尺寸和客货舱限制的数据。

——说明中心油箱燃油系统相关的 MEL 项目对质量和平衡的影响。

——从给定的样本文件中提取适当的油箱容量和油箱位置。

飞机重量（一般方面）

——说明经营人对纠正飞机质量的责任。

——从重量/质量报告中命名基本的空重作为 DOM 的基础。

——使用样本文件中给出的加载图形确定飞机的重心位置。

负载和配平表，一般考虑因素

——说明荷载表各部分的目的和评估荷载分布的方法。

——说明飞行中指数移动的原因。

——说明容器的最大允许质量受每区域最大质量的限制。

先决学习目标：操作程序

飞机操作

——定义备用机场的原因:起飞备用、航路备用、ETOPS 航路备用、目的地备用。

——定义航班值勤时间和轮挡时间。

——描述 SMS 如何影响运行控制中的功能和任务。

——定义“运行控制系统”一词以及人力和技术资源在该系统中的作用。

——说明执行运行控制任务的人员的一般资格标准。

航空运营商认证和手册

——说明适用于 AOC 的规则。

——说明发出或重新确认 AOC 需要满足的条件。

——解释 AOC 的内容和条件。

职责、程序和政策

——说明一个负责人的管理者的职能和职责。

——说明营运商的责任，并列出每次飞行需携带的文件。

——列出操作员需在地面保留的信息项目。

飞机适航性

——说明全球适航标准的原因（附件 8——飞机的适航性）。

——说明适航证书的基本要素和先决条件。

——说明承运人对飞机适航性和设备可服务性的持续负责。

飞机维修计划和控制基础

——区分维护、维修和大修（MRO）。

——列出维修事件计划和对飞机循一环计划的影响因素：

计划和定期维护检查间隔；

计划修改，大修和修理；

计划外维护事件和日常维护期间发现的风险；

资源的可用性和生产力（人员、材料、基础设施）；

维修人员的资格，能力，质量，成本和位置；

限制每架飞机的循环次数/小时，目标利用率；

飞机备用容量；

工作负荷和资源管理，按停工时间分配和协调工作包；

计划飞机停机地点的资源能力和备件可用性；

计划外停机时间延长或 AOG 的风险；

是否有备用飞机容量；

操作者对飞机或设备的变化具有灵活性；

——将可靠性计划和发动机状况监控作为风险管理要素。

地面操作

——在地面操作手册（GOM）中说明飞机操作程序的结构和主题标题。

——说明承运人对飞机装卸合同供应商的业绩进行监督的责任。

——说明确保按照适当的标准和质量进行飞机地面操作的要求。

旅客和货物

——说明承运人对便携式电子设备的责任。

——说明承运人在接纳受药物或酒精影响的人进入飞机方面的责任。

——说明有关乘客座位和紧急疏散的要求。

危险品的航空运输

——说明 FD/FOO 的 DG 资格要求。

——列出在处理和运输危险货物过程中的风险和可能的后果。

——说明危险品事件和事故报告的要求。

运行限制和最低要求

——说明使用 ACAS / TCAS 的要求。

——说明承运人对机场/直升机场运行最低限度的责任。

——列出建立机场运行最低标准时要考虑的参数。

最低飞机装置和设备

——说明有关风挡雨刷的要求。

——列出需要无线电通信和/或无线电导航系统的设备。

——列出 IFR 飞行所需的最低设备。

员工执照，资格，组成和检查

——说明 FOO 基本资格并不授权运行人员和特定角色的职责，如飞行签派。

——说明对 FOO / FD，驾驶舱和乘务员转换培训和检查的要求。

——说明对 FOO / FD，驾驶舱和乘务员进行定期培训和检查的要求。

值勤时间限制和休息要求

——根据国家法律规定飞行和值勤限制。

——说明有关最大每日飞行值勤期的要求。

——说明有关飞行值勤，值班和休息时间记录的要求。

飞行计划基础

——从飞机运行手册中提取最终储备燃油。

——说明影响最终储备燃油结果的因素。

——根据标准燃油政策，计算适当的应急燃油。

飞行管理

——解释 VOR、NDB、VOR / DME 信息以评估飞机位置和飞机航向。

——描述国际民航组织适用于海洋空域的导航和通信程序。

——说明如何在空中交通管制飞行计划中指定所需的航线。

运行飞行计划

——提取并说明给定的燃油数据。

——提取并说明给定的 ETOPS 数据。

——提取并评估 OFP 所有限制因素。

危害和特殊操作

——规定承运人应建立地面除冰和除冰的程序，并遵守需要对飞机进行相关检查。

——说明除非外表面没有任何可能对飞机性能和/或可控性产生不利影响的沉积物，否则指挥人员不得开始起飞，除非飞行手册允许。

——明确营运人在制定噪音消除程序方面的责任。

安全（非法事件）

——说明责任人对 ATS 单位要求或正在要求采取的行动的责任，以确认 SSR 代码和 ATS 解释应答（附件 17，附件）。

——说明有关 OPS 培训计划的操作要求。

——说明 OPS 关于举报非法干涉的行为要求。

非正常和紧急程序

——解释责任人在紧急情况下与 FOO/FD 沟通的职责（附件 6 第 1 部分第 4.6 章）。

——说明 OPS 有关飞机搜索程序的操作要求。

——说明在运行手册中有疏散程序。

寒冷天气运行

——确定跑道条件：污染、潮湿、积水、干燥。

——列出不同类型的污染：潮湿、积水或水渍、雾凇或霜冻、干雪、湿雪、淤泥、冰、压实或滚压的雪、冻结车辙或冰脊（附件 15——航空情报服务，附录 2）。

——说明与受污染跑道相关的程序和性能可以在运行手册中找到。

直接运营成本

——明确每个航段/飞行小时的航空器、机组、维护和保险（ACMI）的固定成本分配。

——说明运营控制中心直接控制的成本要素。

——描述操作风险/后果和导致意外维护/维修事件的成本，并提供示例。

网络规划基础

——确定对区域/本地航空运输市场的影响因素：

人口和平均收入；

区域/本地商业结构和预期发展；

休闲、商务、其他市场划分；

出发地和目的地的潜在配对；

引流的频率和出发/到达时间表；

可接受的产品、服务水平和价格关系；

座位容量需求。

——确定对资源需求的影响因素：

提供座位和载货的容量；

要求与每次飞行所需容量相关的飞机类别；

枢纽一体化或者出发地和目的地；

机组资源要求（工作限制、机组变更、中途停留）；

可接受的装卸设施和服务提供商；

机场空位。

——说明简化的路线盈利能力评估：

假定收入；

基于可变成本（直接运营成本的一部分）的贡献利润；

基于固定成本的贡献利润（ACMI 作为直接运营成本的一部分）。

飞行基础计划

——描述优化和现实飞行计划的影响因素：

基于平均风分量的扇区长度；

基于航路和季节的平均风分量；

最短转机时间和装卸时间；

昼间起飞和由此产生的最长机组执勤时间；

枢纽一体或 O&D（起点和终点）；

每次轮挡小时和/或飞行小时的直接运营成本；

飞机维修停机要求；

飞机储备；

每个扇区的具体飞机和地面设备（城市对）；

每个扇区的预期频率和容量；

机场（枢纽）容量和离场/进场机位；

扇区配对，飞机轮换。

机组基础计划

——说明疲劳风险管理的结果，作为影响机组计划过程的安全相关因素。

——描述机组搭配过程和优化因素：

根据最低运行要求或产品服务水平确定机组人员组成；

飞机轮挡时间和机组执勤天数/小时的关系作为生产效率的指标；

航班数与机组人数变化的关系作为风险因素；

在职储备的机组人数与成本和风险因素的关系；

每个机组的职能培训次数作为成本因素；

机组值班和休息时间要求，计划和限制之间的差值；

空机与滞留相比，成本和风险方面。

——描述单个机组的调整过程和优化因素：

休息日和路线要求；

培训要求：资源、位置和能力；

加班分配和灵活性；

储备和备用分配、位置和白班。

机组基础控制

——描述影响短期决策和控制的因素：

机组人员变动与飞机变动的风险；

备份和储备调整，航班分配；

机组构成的调整；

设备因不同限制而变化。

通信系统和程序

——说出航空站和国际民航组织（ICAO）位置指示器的呼号的两部分。

——识别航空站的呼号后缀，大量的。

前提的学习目标：飞行原理

单位和基本定义

——将质量、加速度、重量、速度、密度、温度、压力、力和功率的测量单位命名为国际单位制（International System of units，Système International）。

——明确质量、力、加速度和重量。

——明确静压、动压和总压。

气流与机翼设计

——区分稳定气流和非稳定气流。

——描述翼型周围压力分布所产生的力。

——描述翼型截面的以下参数：前缘、后缘、弦线。

——说明机翼的下列参数：翼展、机翼面积、机翼平面形状、平均气动弦 MAC、二面角、后掠角、入射角、几何和气动扭转机翼。

阻力与升力

——说明升力或阻力公式的基本组成部分：空气密度、速度、机翼面积/尺寸、升力或阻力有效性（升力系数 CL 或阻力系数 CD）。

——描述失速警告的重要性。

——说明为什么认证规范要求有失速的裕度。

升降控制装置

——说明由于前缘和后缘升力装置延长而增加的机翼面积和改变的弦线。

——描述后缘襟翼对升力中心位置、飞机配平和飞行稳定性的影响。

——描述缝翼或襟翼不对称的后果。

高速空气动力学

——将马赫数定义为 TAS 与音速的关系。

——爬升和下降过程中马赫数、TAS 和 IAS 的关系。

——说明压缩系数意味着空气密度可以沿流线变化。

描述冲击波

——描述超速对抖振发生的影响。

——空气动力学云底高和“临界马赫数”及名称对实践的影响。

——说明自动飞行系统提供高度、航向和速度控制。

静态和动态稳定性

——解释为什么静态稳定性与机动性相反。

——定义动态稳定性。

——重心位置对俯仰操纵性和俯仰稳定性的状态影响。

控制

——根据俯仰、倾斜和偏航定义水平、垂直和立轴。

——阐述了运输机巡航飞行中舵偏航受限的原因。

——阐述了运输机人工方向舵感知系统速度依赖的原因。

装饰

——解释影响稳定器设置的因素。

——说明起飞稳定器配平设置对旋转特性和起飞性能的影响。

——说明稳定器堵塞和失控的影响。

运行限制

——说明实际影响和飞行速度接近 VMO 和 MMO 的风险。

——说明质量与载荷系数限值和最大速度的关系。

——说明飞机总重、重心位置和推力设置对 VMCG、VMCA 和 VMCL 的影响。

飞行力学

——说明迎角与最佳升阻比的关系。

——说明构型变化对下滑角、持续时间和距离的影响。

——区分协调转弯和不协调转弯。

附录B　飞行各阶段飞行签派员任务模块及所需能力

飞行前飞行签派员任务模块及所需能力

任务种类	子任务	所属科目	所需能力
航路选择	1.分析并选择适当的航路选项	操作程序 领航学	技术专长 解决问题以及决策能力
	2.在考虑驾驶性与经济性下选择合适的飞行高度层	领航学 人的因素	技术专长 解决问题以及决策能力 过程改进
	3.评估最低所需导航性能	领航学	技术专长 情景意识
	4.提取并应用气象产品（高空气象图）的信息	气象学 飞机一般知识及仪表	技术专长 工作负荷管理
机场适用性	1.明确起飞备降场的选择要求	操作程序 气象学 载重与平衡	技术专长 程序以及规章的应用能力
	2.根据气象（最低备降标准）、航行通告和机组资质评估可用的起飞备降场	气象学 载重与平衡 航空法规	程序以及规章的应用能力 工作负荷管理
	3.熟悉起飞备降场的有关规章规定	航空法规 载重与平衡	程序以及规章的应用能力
	4.评估可用的航路备降场	操作程序 气象学 载重与平衡	技术专长 程序以及规章的应用能力

续表

任务种类	子任务	所属科目	所需能力
	5.选取符合运行规范的可用航路备降场	航空法规 气象学	技术专长 程序以及规章的应用能力 解决问题以及决策能力
	6.评估可用的目的地备降场	操作程序 气象学 载重与平衡	技术专长 程序以及规章的应用能力
	7.选取符合运行规范的目的地备降场	航空法规 飞行性能	技术专长 程序以及规章的应用能力 解决问题以及决策能力
	8.掌握最低起飞标准	气象学 载重与平衡	程序以及规章的应用能力 技术专长
	9.根据气象条件（风/温度/气压）选取合适的起飞机场跑道	气象学 载重与平衡 飞行性能	技术专长 程序以及规章的应用能力 沟通 解决问题以及决策能力
	10.比较最低起飞标准和可用的气象数据（TAF/METAR）	气象学 操作程序	技术专长 领导力和团队协作
燃油配载	1.熟悉规章中的燃油要求	航空法规	程序以及规章的应用能力
	2.从操作手册中提取标准燃料分配的信息	操作程序 载重与平衡	程序以及规章的应用能力

续表

任务种类	子任务	所属科目	所需能力
		飞行性能	工作负荷管理
	3.评估燃油的非标准分配对飞机或预期运行的影响	飞行原理 飞行性能	技术专长 情景意识
	4.确定燃油的非标准分配对飞机重量和平衡的影响	载重与平衡 飞行性能	技术专长 情景意识
	5.说明应急燃料的作用和条件	航空法规 飞行性能	技术专长 程序以及规章的应用能力
	6.掌握备降燃油的计算标准	载重与平衡 飞行性能	工作负荷管理 解决问题以及决策能力
	8.描述减少应急燃油的程序或二次放行程序	载重与平衡 飞行性能 操作程序	程序以及规章的应用能力 解决问题以及决策能力
	9.掌握额外燃油的要求	飞行性能 航空法规	工作负荷管理 程序以及规章的应用能力
飞机适用性	1.评估失效系统对飞机执行预期任务影响	操作程序 飞机一般知识及仪表 飞行性能 飞行原理	情景意识 领导力和团队协作 程序以及规章的应用能力
	2.掌握影响飞机燃油续航力的燃油因素	飞行性能 载重与平衡	技术专长 工作负荷管理
	3.评估 CDL 的适用性是	操作程序	技术专长

续表

任务种类	子任务	所属科目	所需能力
	否对预期运行有效	飞机一般知识及仪表	情景意识
	4.根据机组适用性和运营人授权确定运行是否具备 CAT Ⅱ/Ⅲ能力	航空法规 操作程序 领航学	程序以及规章的应用能力 情景意识
	5.根据相关规章、法规确定预期区域运行是否符合公布的限制	航空法规 操作程序	程序以及规章的应用能力 沟通
	6.评估 MEL 和空域限制条件对飞机能预期操作的影响	操作程序 飞机一般知识及仪表	情景意识 技术专长 程序以及规章的应用能力
	7.确保飞机配备足够的水上应急设备	操作程序 航空法规	程序以及规章的应用能力
业载	1.根据预期业载确定飞机的预期零燃料重量和装载限制	飞行性能 载重与平衡	技术专长 程序以及规章的应用能力
	2.评估性能对计划有效载荷的影响	飞行性能 载重与平衡	技术专长 情景意识
	3.确保特殊负载运输符合公司程序和运输规定	航空法规 操作程序	程序以及规章的应用能力
	4.掌握货物所含材料或处理方法有疑问时联系专家的程序	操作程序 航空法规 人的因素	程序以及规章的应用能力 解决问题以及决策能力

续表

任务种类	子任务	所属科目	所需能力
	5.确定负载位置对速度的影响	飞行性能 飞行原理	技术专长 情景意识
	6.总体上评估重心位置对行程燃油的影响	飞行性能 载重与平衡 飞行原理	技术专长 情景意识
	7.评估与时间直接相关的固定成本要素	飞行性能 飞机一般知识及仪表	技术专长 解决问题以及决策能力
天气分析	1.评估所有区域的METAR/TAF对飞行的影响	气象学 飞机一般知识及仪表 操作程序	沟通 情景意识 程序以及规章的应用能力
	2.根据天气图（高空和地面），确保飞行不会进入危险条件	气象学 飞机一般知识及仪表	技术专长 解决问题以及决策能力
	3.评估跑道污染的可能性，如积水、冰泥或雪	气象学 飞行性能	情景意识 技术专长 沟通 程序以及规章的应用能力
	4.提取高空产品中信息，评估相关的风险	气象学 飞机一般知识及仪表	情景意识 技术专长
	5.评估所飞区域发生恶劣天气的可能性	气象学	情景意识 技术专长 领导力和团队协作
	6.评估和监控重要天气的数据，并在飞行前迅	气象学 人的因素	解决问题以及决策能力

续表

任务种类	子任务	所属科目	所需能力
	速向机组提供相关信息		沟通 程序以及规章的应用能力
	7.根据高空预报确定有重大天气和湍流的地区	气象学 飞机一般知识及仪表	解决问题以及决策能力 技术专长
	8.评估重大天气事件对设施或空域的影响	气象学 操作程序	程序以及规章的应用能力 技术专长
分析航行资料汇编/航行通告数据	1.评估 NOTAM/AIP 信息是否合规	航空法规 飞机一般知识及仪表	程序以及规章的应用能力 解决问题以及决策能力
	2.熟悉有关空域限制的航行通告	航空法规 操作程序	工作负荷管理 程序以及规章的应用能力
	3.与空中交通管制协调备用航路	人的因素 领航学	沟通 情景意识
	4.建立替代程序，避开关闭空域/机场	航空法规 领航学	技术专长 解决问题以及决策能力
	5.根据航行资料确定是否在该区域内运行航班	航空法规 操作程序	程序以及规章的应用能力 技术专长
性能分析	1. 根据可用性（NOTAM、噪音消除、ATC 配置）确定所需跑道	飞行性能 航空法规 飞机一般知识及仪表	程序以及规章的应用能力 技术专长 沟通

续表

任务种类	子任务	所属科目	所需能力
	2.提取 TAF 和 METAR 中的风向数据确定所需跑道	飞行性能 气象学	技术专长 解决问题以及决策能力
	3.根据预期跑道状况（干燥、潮湿、污染）、飞机重量和起飞时的天气状况评估飞机的限制	飞行性能 载重与平衡	程序以及规章的应用能力 技术专长 情景意识
	4.应用有效载荷/燃油优先级原则	飞行性能 飞机一般知识及仪表 航空法规	解决问题以及决策能力 程序以及规章的应用能力
	5.描述飞行跟踪、飞行监视、飞行跟踪、飞行监控的功能	领航学 操作程序	技术专长 情景意识 工作负荷管理 解决问题以及决策能力 领导力和团队协作

飞行中飞行签派员任务模块及所需能力

任务种类	子任务	所属科目	所需能力
航路选择	1.重要天气	操作程序 气象学	技术专长 解决问题以及决策能力
	2.提取并应用气象产品的信息	气象学 飞机一般知识及仪表	技术专长 解决问题以及决策能力
机场适用性	1.根据距离评估可用的起飞备降场	飞机性能 操作程序	技术专长 程序以及规章的

续表

任务种类	子任务	所属科目	所需能力
		航空法规	应用能力
	2.根据气象、航行通告和机组资质评估可用的起飞备降场	气象学 载重与平衡 航空法规	技术专长 程序以及规章的应用能力
	3.评估可用的航路备降场	操作程序 气象学 载重与平衡	技术专长 程序以及规章的应用能力
	4.选取符合运行规范的可用航路备降场	航空法规 操作程序	技术专长 程序以及规章的应用能力 解决问题以及决策能力
	5.选取符合运行规范的目的地备降场	操作程序 气象学 载重与平衡	技术专长 程序以及规章的应用能力 解决问题以及决策能力
	6.根据运营人批准、机组资质和飞机性能选择合适的导航程序	气象学 载重与平衡	程序以及规章的应用能力 技术专长
	7.根据气象条件（风/温度/气压）选取合适的起飞机场跑道	气象学 载重与平衡 飞行性能	技术专长 程序以及规章的应用能力 沟通 解决问题以及决策能力
	8.比较最低起飞标准和可用的气象数据	气象学 操作程序	技术专长 领导力和团队协作
燃油配载	1.提取有关可能影响飞	领航学	程序以及规章的

续表

任务种类	子任务	所属科目	所需能力
	机着陆的因素的情报	飞行性能	应用能力 技术专长
	2.可能的空中交通管制等待油	操作程序 载重与平衡 飞行性能	程序以及规章的应用能力 技术专长
	3.可能在进场排队期间的航迹引导/航线变更	载重与平衡 飞行性能	技术专长 解决问题以及决策能力
	4.机场配置和在最后一刻改变跑道的可能性	载重与平衡 飞行性能 操作程序	技术专长 情景意识
	5.目的地机场内及周围的天气变化可能导致的等待	气象学 飞行性能	技术专长 程序以及规章的应用能力
	6.估算临界点的预期剩余燃油	载重与平衡 飞行性能	技术专长 解决问题以及决策能力 程序以及规章的应用能力
飞机适用性	1.验证MEL的适用性，包括任何截止日期对预期运行有效	操作程序 飞机一般知识及仪表 飞行性能 飞行原理	情景意识 领导力和团队协作 程序以及规章的应用能力
	2.根据MEL和空域中概述的限制条件，确保飞机能够进行预期的操作	飞行性能 载重与平衡 飞机一般知识及仪表	技术专长 工作负荷管理
	3.分析预期业载，确定	操作程序	技术专长

续表

任务种类	子任务	所属科目	所需能力
	飞机的预期零燃料重量和装载限制，地面负荷，重心限制，座位容量	载重与平衡 飞机一般知识及仪表	情景意识
	4.评估失效系统，以确定飞机执行预期任务的可行性	航空法规 操作程序 人的因素	程序以及规章的应用能力 情景意识 解决问题以及决策能力
业载	1.确保符合公司程序和适用的运输规定	航空法规 操作程序	技术专长 程序以及规章的应用能力
	2.确定在对货物所含材料或适当处理方法有任何疑问或疑虑时，联系主题专家的程序	航空法规 操作程序 人的因素	技术专长 程序以及规章的应用能力 沟通
	3.确保遵守公司程序和当地规定	航空法规 操作程序	程序以及规章的应用能力
	4.遵循公司有关器官运输的指引，并在适用时建议适当的空管设施	操作程序 航空法规 人的因素	程序以及规章的应用能力 解决问题以及决策能力 沟通
	5.评估可变飞行成本	操作程序 航空法规	技术专长 情景意识
	6.根据延误成本评估航班取消的影响	操作程序 航空法规 人的因素	技术专长 情景意识
天气分析	1.从高空产品中提取信	气象学	沟通

续表

任务种类	子任务	所属科目	所需能力
	息，以评估与团体天气数据相关的风险	飞机一般知识及仪表 操作程序	情景意识 程序以及规章的应用能力
	2.在该地区飞行（即ITCZ、火山区），评估已知的可能发生恶劣天气的区域	气象学 飞机一般知识及仪表	技术专长 解决问题以及决策能力
	3.提取飞行员报告信息并在路线规划过程中使用数据	气象学 飞行性能 领航学	情景意识 技术专长 沟通 程序以及规章的应用能力
	4.评估高空预报，以确定有重大天气和湍流的地区	气象学 飞机一般知识及仪表	情景意识 技术专长
	5.评估重大天气事件，以确定对设施或空域的影响，并确定在预期条件下运行是否可行/谨慎	气象学 领航学	情景意识 技术专长 解决问题以及决策能力
分析航行资料汇编/航行通告数据	1.评估已知工作行动和后续计划要求的源文件	航空法规 飞机一般知识及仪表	程序以及规章的应用能力 解决问题以及决策能力 过程改进
	2.确保未经适当许可，不计划在该区域内运行航班	航空法规 操作程序	工作负荷管理 程序以及规章的应用能力
	3.与空中交通管制和/或	人的因素	沟通

续表

任务种类	子任务	所属科目	所需能力
	其他负责空域的实体协调备用航路	领航学 操作程序	情景意识 领导力与团队协作
	4.监控可用性降低通知的来源	航空法规 领航学	技术专长 解决问题以及决策能力
	5.与供应商沟通	航空法规 操作程序 人的因素	程序以及规章的应用能力 沟通
性能分析	1.应用有效载荷/燃油优先级原则	飞行性能 航空法规 飞机一般知识及仪表	程序以及规章的应用能力 技术专长 沟通
	2.从数据分配、风险管理、主动操作控制和决策的角度评估基本功能	飞行性能 人的因素	技术专长 解决问题以及决策能力
	3.确定所选飞行路线的潜在下降（发动机熄火）和关键地	飞行性能 载重与平衡	程序以及规章的应用能力 技术专长 情景意识
	4.针对飞行中改道或改道，评估问题解决和决策的影响因素，即天气规避、医疗或技术原因的改道计划	飞行性能 飞机一般知识及仪表 航空法规	解决问题以及决策能力 程序以及规章的应用能力

飞行后飞行签派员任务模块及所需能力

任务种类	子任务	所属科目	所需能力
运行控制环境中责任区域的评估：机组规划和机组调度	与机组成员储备的优势和准时的表现有关的充足的机组成员成本因素	人的因素	沟通
	配对和漫游的过程	人的因素	沟通
	单个机组人员请求系统的成本和收益	人的因素	沟通
	短期内更改个别机组成员时间表的成本和风险	人的因素	沟通
评估 OCC 中的数据流和数据质量	未定义的数据格式、不同的数据源和不同的信息状态的风险	飞机一般知识及仪表	技术专长
	充分的 IT 架构的基本属性（GUI、接口、数据库）	飞机一般知识及仪表	技术专长
	数据处理和数据管理中的涉众	飞机一般知识及仪表	过程改进
	OCC 中不相关数据对决策速度的影响	飞机一般知识及仪表	过程改进
航线盈利能力评估及对运营风险和商业效果的影响因素	根据延误的成本，评估旅客/货物连接错误的影响	人的因素	过程改进
	评估由于飞机流量中断、机组人员连接错误和飞机维修重新	人的因素	沟通

续表

任务种类	子任务	所属科目	所需能力
	规划而造成的运营和商业风险		
评估沟通标准和风险因素	在决策过程中由于沟通不足而产生的风险	人的因素	沟通
	与人为因素有关的对信息交流的影响	人的因素	沟通
	有足够的书面轮班报告的概念	人的因素	解决问题以及决策能力
	对交接班时的信息流有足够的概念	人的因素	解决问题以及决策能力
评估 OCC 中的决策制定过程	影响 OCC 团队决策结果的人为相关因素	人的因素	解决问题以及决策能力
	充足的决策制定质量的先决条件	人的因素	解决问题以及决策能力
对 OCC 的安全管理方面进行评估	OCC 环境下的操作风险分析方法	飞机性能	解决问题以及决策能力
	操作风险及其对飞行安全的影响	飞机性能	技术专长
	安全管理系统背景下的基于证据的培训概念	飞机一般知识及仪表	程序以及规章的应用能力
评估航空运营商的证书、标准和批准	给予的证书和批准基础上的运营商的法律能力和经营区域	航空法规	程序以及规章的应用能力
	操作手册中描述的	航空法规	程序以及规章的

续表

任务种类	子任务	所属科目	所需能力
	与认证状态有关的标准和程序		应用能力
运行控制环境中责任区域的评估：机组规划和机组调度	与机组成员储备的优势和准时的表现有关的充足的机组成员成本因素	人的因素	沟通
	配对和漫游的过程	人的因素	沟通
	单个机组人员请求系统的成本和收益	人的因素	沟通
	短期内更改个别机组成员时间表的成本和风险	人的因素	沟通
评估OCC中的数据流和数据质量	未定义的数据格式、不同的数据源和不同的信息状态的风险	飞机一般知识及仪表	技术专长
	充分的IT架构的基本属性（GUI、接口、数据库）	飞机一般知识及仪表	技术专长
	数据处理和数据管理中的涉众	飞机一般知识及仪表	过程改进
	OCC中不相关数据对决策速度的影响	飞机一般知识及仪表	过程改进

续表

任务种类	子任务	所属科目	所需能力
航线盈利能力评估及对运营风险和商业效果的影响因素	根据延误的成本，评估旅客/货物连接错误的影响	人的因素	过程改进
	评估由于飞机流量中断、机组人员连接错误和飞机维修重新规划而造成的运营和商业风险	人的因素	沟通
评估沟通标准和风险因素	在决策过程中由于沟通不足而产生的风险	人的因素	沟通
	与人为因素有关的对信息交流的影响	人的因素	沟通
	有足够的书面轮班报告的概念	人的因素	解决问题以及决策能力
	对交接班时的信息流有足够的概念	人的因素	解决问题以及决策能力
评估 OCC 中的决策制定过程	影响 OCC 团队决策结果的人为相关因素	人的因素	解决问题以及决策能力
	充足的决策制定质量的先决条件	人的因素	解决问题以及决策能力
对 OCC 的安全管理方面进行评估	OCC 环境下的操作风险分析方法	飞机性能	解决问题以及决策能力
	操作风险及其对飞行安全的影响	飞机性能	技术专长

续表

任务种类	子任务	所属科目	所需能力
	安全管理系统背景下的基于证据的培训概念	飞机一般知识及仪表	程序以及规章的应用能力
评估航空运营商的证书、标准和批准	给予的证书和批准基础上的运营商的法律能力和经营区域		程序以及规章的应用能力
	操作手册中描述的与认证状态有关的标准和程序		程序以及规章的应用能力
燃油消耗偏差评估	评估每个路段的实际平均侧风分量的影响以及由此产生的有效风速	飞行性能	过程改进
	将计划剩余燃油与实际剩余燃油进行比较，评估偏差，分析对统计分析的额外/意外燃油的影响	飞机性能	过程改进
成本偏差评估	评估 GW、速度、轨道、高度、风偏差对直接运营成本的影响	飞机一般知识及仪表	团队协作、过程改进
	区分可变成本和固定成本（ACMI）	飞机一般知识及仪表	团队协作、过程改进
评估不正常作业(返回斜坡、改道、空中折返、事故、意外)	区分给定 IRREG 主要原因和次要原因	人的因素	解决问题以及决策能力
	确定决策过程中使用的信息	人的因素	解决问题以及决策能力

续表

任务种类	子任务	所属科目	所需能力
	识别可能导致额外风险的情况	人的因素	解决问题以及决策能力
	描述可能性和可能的影响	人的因素	过程改进
	制定一个可能的替代方案	人的因素	解决问题以及决策能力
	评估备选方案的风险和成本	人的因素	解决问题以及决策能力
	应用直接运营成本和延迟成本的计算方法	人的因素	沟通
	评估最小剩余燃油的成分	人的因素	技术专长
飞行后评估不正常作业（返回坡道，改航，折返，事故，意外）	延误的总成本，每分钟延误的平均成本，每名延误乘客的平均成本	人的因素	沟通
	在飞行操作手册和地面操作手册中公布的公司规则和标准操作规程的范围	航空法规	沟通
	对工艺、工具和员工资格进行适当的改进的选项	人的因素	过程改进
航空数据管理的评估，即天气、AIP/NOTAM、ATM	将日常天气预报的资料与实际的最高能见度、能见度及风向/风速进行比较	气象学	解决问题以及决策能力

续表

任务种类	子任务	所属科目	所需能力
	将预报的天气状况与实际的时间间隔进行比较，说明出现重大偏差的可能原因	气象学	解决问题以及决策能力
	将预报的特殊天气现象与实际情况进行比较	气象学	解决问题以及决策能力
	鉴于机场基础设施（跑道、滑行道、停机坪）的条件，与 AIP 和 NOTAMs 公布的状况相比较	飞行原理	解决问题以及决策能力
	根据 AIP 和 NOTAMs 公布的状态提供进近和/或在途导航程序（包括 RAIM)	航空法规	程序以及规章的应用能力
	启动分析过程所需的可靠信息/数据来源	飞行原理	解决问题以及决策能力
	定义适当的数据收集和分析方法	航空法规	程序以及规章的应用能力
	将特定机场或空中交通管制部门的预测交通量与实际情况进行比较	飞行原理	解决问题以及决策能力
	描述不同航空公司细分市场的产品特性，如航班频率、容量、连通性、服务水	人的因素	沟通

续表

任务种类	子任务	所属科目	所需能力
评估航空公司市场和产品定义、客户体验的成功和风险因素	平、价格、旅客状况、准点率、预定平台等		
	衡量客户体验和描述OCC影响的关键性能指标	人的因素	沟通
	产品成本动因及成本控制的影响	人的因素	沟通
	产品服务水平对流程复杂性的影响	人的因素	沟通
	流程的复杂性对于准时执行的影响	人的因素	沟通

附录 C 基于能力的课程开发使用样表

表格一：任务列表

TASK LIST

<table>
<tr><td colspan="2" rowspan="2">STP No.</td><td colspan="3">Location:</td><td rowspan="2">Date:</td></tr>
<tr><td colspan="3">Completed by:</td></tr>
<tr><td colspan="6">Job:</td></tr>
<tr><td colspan="4">Function:</td><td colspan="2">Function No.</td></tr>
<tr><td>Task No.</td><td>Task</td><td>Frequency(F)</td><td>Importance(I)</td><td>Difficulty(D)</td><td>Priority(P)</td></tr>
<tr><td></td><td></td><td></td><td></td><td></td><td></td></tr>
</table>

表格二：任务描述

TASK DESCRIPTION

<table>
<tr><td colspan="2" rowspan="2">STP No.</td><td colspan="3">Location:</td><td>Date:</td></tr>
<tr><td colspan="3">Completed by:</td><td>Page__of__</td></tr>
<tr><td colspan="6">Job:</td></tr>
<tr><td colspan="4">Function:</td><td colspan="2">Function No.</td></tr>
<tr><td colspan="4">Task:</td><td colspan="2">Task No.</td></tr>
<tr><td colspan="4">1. Where performed:</td><td colspan="2" rowspan="3">4. References/Standards for the task (if any):</td></tr>
<tr><td colspan="4">2. Triggering event:</td></tr>
<tr><td colspan="4">3. Terminating event:</td></tr>
<tr><td colspan="2">5. No.:</td><td rowspan="2">6. Subtask</td><td rowspan="2">7. Performace difficulties</td><td rowspan="2">LoA</td><td rowspan="2">8. Summary of K/S/A requirements</td></tr>
<tr><td>Subtask</td><td>Int. Obj.</td></tr>
<tr><td></td><td></td><td></td><td></td><td></td><td></td></tr>
<tr><td colspan="6">Task Terminal Objective</td></tr>
<tr><td colspan="6">Condition:
Performance:
Standard:</td></tr>
</table>

表格三：模块提纲

MODULE OUTLINE

<table>
<tr><td rowspan="2">STP No.</td><td colspan="2">Location:</td><td>Date:</td></tr>
<tr><td colspan="2">Completed by:</td><td>Page__of__</td></tr>
<tr><td colspan="3">Module Tittle:</td><td>Module No:</td></tr>
<tr><td colspan="2">Function No.:</td><td>Task No.</td><td>Subtask No.:</td></tr>
</table>

End-of-module objective/Mastery test

<table>
<tr><td>Conditions:
Performance:
Standard:</td></tr>
<tr><td>Supplementary information on the Mastery Test (e.g. how the test is to be conducted, source of the case-study material, wheter the best is to be conducted as a group activity, etc.)</td></tr>
</table>

Outlines of Contents

Intermediate Objective No (s).:	Teaching points	Source of contents

表格四：岗位需求

JOB AID REQUIREMENTS

<table>
<tr><td rowspan="2">STP No.</td><td>Location:</td><td>Date:</td></tr>
<tr><td>Completed by:</td><td>Page___of___</td></tr>
<tr><td colspan="2">Job / Function:</td><td>Job Aid Ref No:</td></tr>
<tr><td colspan="2">Task/Subtask:</td><td>Task Ref. No.:</td></tr>
<tr><td colspan="3">Propose name of Job Aid:</td></tr>
<tr><td colspan="3">Objective:</td></tr>
<tr><td colspan="3">Content:</td></tr>
<tr><td colspan="3">target population:</td></tr>
<tr><td colspan="3">Working environment and situations in which the job aid is to be used:</td></tr>
<tr><td colspan="3">Proposed physical characteristics (material, size, etc.)</td></tr>
</table>

表格五：模块计划

MODULE PLAN

(Administrator/Instructor Guide)

<table>
<tr><td>STP No.</td><td colspan="2">Location:</td><td>Date:</td></tr>
<tr><td>STP TDC SP</td><td colspan="2">Completed by:</td><td>Page___of___</td></tr>
<tr><td colspan="3">Module Title:</td><td>Module No.:</td></tr>
<tr><td colspan="2">Function No.:</td><td>Task No(s).</td><td>Subtask No. (s):</td></tr>
<tr><td colspan="4">End-of-module objective:
Conditions:
Performance:
Standard:</td></tr>
<tr><td colspan="4">Intermediate objectives</td></tr>
</table>

参考文献

[1] ICAO.Manual on flight operations officers/flight dispatchers competency-based training and assessment[S].Doc 10106,2020.

[2] ICAO.Global aviation safety plan[S].Doc 10004,2019.

[3] ICAO.Procedures for air navigation services training[S].Doc 986,2020.

[4] ICAO.Manual of Evidence-based raining[S].Doc 9995,2020.

[5] FAA.Dispatcher resource managment[S].Advisory Circular121-32,2005.

[6] ISO Quality management-Guidelines for competence management and people development[S].ISO 10015,2019.

[7] Sandberg.Understanding human competence at work:an interpretative approach[J].Academy Of Management Journal，2000,43(1)：9-25.

[8] David McClelland.Testing for competency rather than for “intelligence” [J].American Psychologist，1973(28)：1-14.

[9] Richard E Boyatzis.The competent manager:a model for effective performance[M].NewYork: John Wiley & Sons,Inc.,1982.

[10] Lyle Spencer,Sige M Spencer.Competent manager:a model for superior performance[M].NewYork:John Wiley & Sons,Inc.,1993.

[11] Pataicia A McLagan.Competency models[J].Training and Develo pment Journal, 1980：22-26.

[12] Dave Ulrich.Human resource champions:the next agenda for adding valueand delivering results[M].Boston:Harvard Business School Press, 1997.

[13] Margaret E Alldredge,Kevin J Nilan.3M’s leadership competency model: an internally developed solution[J].Human Resource Management , 2000,39(2-3)：133-145.

[14] 中国民航运输航空飞行员技能全生命周期管理体系建设实施路线图

[Z].北京：中国民用航空局，2020.

[15] 关于全面深化运输航空公司飞行训练改革的指导意见[Z]. 北京：中国民用航空局飞行标准司，2019.

[16] 航空承运人飞行签派员资质管理标准(AC-121-FS-2011-43)[Z].北京：中国民用航空局，2011.

[17] 签派资源管理训练大纲的制定与实施(AC-121-FS-2011-44)[Z].北京：中国民用航空局，2011.

[18] 航空承运人飞行签派员人力资源评估指南(AC-121-FS-2014-121)[Z].北京：中国民用航空局，2014.

[19] 航空承运人飞行签资格检查指南(AC-121-FS-2017-129)[Z].北京：中国民用航空局，2017.

[20] 民用航空飞行签派员执照管理规则(CCAR-65)[S]. 北京：中国民用航空局飞行标准司， 2016.

[21] 大型飞机公共航空运输承运人运行合格审定规则(CCAR-121-R7)[S]. 北京：中国民用航空局飞行标准司，2021.

[22] 宋晨柯. 签派员 DRM 技能的多元化评估研究[D]. 德阳：中国民用航空飞行学院， 2018.

[23] 罗凤娥，宋晨柯.签派员 DRM 训练及交流移动终端平台设计[J].信息记录材料，2018，19(8)：62-63.

[24] 罗凤娥，赵琪，齐放，等.基于 CBTA 的签派员岗位胜任力模型的构建研究[J].交通运输，2020，43(04)：88-94.

[25] 赵红丽.基于能力素质模型的培训框架设计-以危险品航空运输教员为例[J].物流设计，2018(10)：11-15.

[26] 邵长兰.以“能力为本”的美国职业教育与培训课程的建构与分析—以爱达荷路易斯州立学院制图和设计（CADD）培训项目为例[J].职教通讯，2020，530(7)：106-112.

[27] 黄春梅，池杜旺.以职业岗位能力为导向的教学模式研究和实践[J].汽车实用技术，2022，352(1)：174-177.

[28] 褚双磊，庄南剑，任强，等.以岗位能力为导向的飞机性能工程课程思

政教学探索与实践[J].成都航空职业技术学院学报，2021，129(4)：16-19.

[29] 张序，罗凤娥，黄宇杰.MOOC 时代背景下交通运输专业（飞行签派方向）教学模式改革研究[J].安阳工学院学报，2020，106(4)：5-7.

[30] 陈琳，张序，杨丰宁，等.基于 MOOC 数据的民航专业课程学习中的行为特征分析及对策研究——以空中交通运输专业（飞行签派方向）本科学生“签派实践应用”课程为例[J].安阳工学院学报，2019，100(4)：1-6.

[31] 赵红丽，张蕾蕾.危险品空运从业人员基于胜任能力的培训和评估[J].交通企业管理，2021，369(5)：100-103.

[32] 祁爽.技能等级评价对岗位能力培训的导向作用[J].华北电业，2021，323(9)：58-59.

[33] 李婷婷. 民航飞行签派员不安全行为风险管控研究[D].武汉：武汉理工大学，2020.

[34] 王鑫，孙敬伟.基于 PDCA 循环模型的飞行签派员训练研究[J].民航学报，2021，5(1)：70-72.

[35] 谢姗姗.健全民航签派机制　提升应急处置能力[J].中国航班，2021，159(12)：125-127.

[36] 陈芳，郭娜，韩适朔.民航运营单位安全管理人员胜任力模型实证研究[J].中国安全生产科学技术，2018，14(6)：165-170.

[37]张序.非正常情况下飞行签派员应急处置能力的提升[J].安阳工学院学报，2020，104(2)：1-4.